여러분의 합격을 응원하

해커스공무원 ~~~~ 혜택

FREE 공무원 영어
특강

해커스공무원(gosi.Hackers.com) 접속 후 로그인 ▶
상단의 [무료강좌] 클릭 ▶
[교재 무료특강] 클릭하여 이용

어시험지
자동제작 프로그램

해커스공무원(gosi.Hackers.com) 접속 후 로그인 ▶
상단의 [수험 정보] 클릭 ▶
좌측의 [단어시험지 생성기] 클릭

A **공무원 보카 어플**

G O S I V O C A 7 V V A

구글 플레이스토어/애플 앱스토어에서 [해커스공무원 기출 보카] 검색 ▶ 어플 설치 후 실행 ▶
'인증코드 입력하기' 클릭 ▶ 위 인증코드 입력

* 쿠폰 등록 후 30일간 사용 가능
* 해당 자료는 [해커스공무원 기출 보카 4000+] 교재 내용으로 제공되는 자료로, 공무원 시험 대비에 도움이 되는 유용한 자료입니다.

 해커스공무원 온라인 단과강의 20% 할인쿠폰

F B 5 C D 2 D C 9 2 5 2 3 8 D B

해커스공무원(gosi.Hackers.com) 접속 후 로그인 ▶ 상단의 [나의 강의실] 클릭 ▶
좌측의 [쿠폰등록] 클릭 ▶ 위 쿠폰번호 입력 후 이용

* 등록 후 7일간 사용 가능(ID당 1회에 한해 등록 가능)

합격예측 온라인 모의고사 응시권 + 해설강의 수강권

3 3 2 9 F A E 8 9 D E D A K F V

해커스공무원(gosi.Hackers.com) 접속 후 로그인 ▶ 상단의 [나의 강의실] 클릭 ▶
좌측의 [쿠폰등록] 클릭 ▶ 위 쿠폰번호 입력 후 이용

* ID당 1회에 한해 등록 가능

쿠폰 이용 관련 문의 **1588-4055**

단기 합격을 위한 해커스공무원 커리큘럼

입문
탄탄한 기본기와 핵심 개념 완성!
누구나 이해하기 쉬운 개념 설명과 풍부한 예시로 부담없이 쌩기초 다지기
TIP 베이스가 있다면 **기본 단계**부터!

기본+심화
필수 개념 학습으로 이론 완성!
반드시 알아야 할 기본 개념과 문제풀이 전략을 학습하고
심화 개념 학습으로 고득점을 위한 응용력 다지기

기출+예상 문제풀이
문제풀이로 집중 학습하고 실력 업그레이드!
기출문제의 유형과 출제 의도를 이해하고 최신 출제 경향을 반영한
예상문제를 풀어보며 본인의 취약영역을 파악 및 보완하기

동형문제풀이
동형모의고사로 실전력 강화!
실제 시험과 같은 형태의 실전모의고사를 풀어보며 실전감각 극대화

최종 마무리
시험 직전 실전 시뮬레이션!
각 과목별 시험에 출제되는 내용들을 최종 점검하며 실전 완성

PASS

단계별 교재 확인 및
수강신청은 여기서!

gosi.Hackers.com

* 커리큘럼 및 세부 일정은 상이할 수 있으며,
자세한 사항은 해커스공무원 사이트에서 확인하세요.

해커스공무원

비비안 올인원 영문법

해커스공무원

해커스공무원 영어
gosi.Hackers.com

서문

'과락률 1위'라는 꼬리표를 달고 다니는 영어

영어는 시험의 난이도와 상관없이 늘 가장 부담스러운 과목입니다.

처음 시작할 때도, 새로운 마음으로 다시 시작할 때도 영어가 걸림돌이라는 이야기를 수험생들을 통해 참 많이 들었습니다.

합격을 결정하는 중요한 과목이지만, 여전히 어렵고 복잡하기만 한 공무원 영문법에 대해 명쾌하고 효과적인 학습법을 제시하고자 합니다.

공무원 최신 기출 경향을 100퍼센트 반영한 영문법 개념과 학습한 내용을 총정리할 수 있는 실전문제를 통해 문제가 풀리는 기적을 느끼셨으면 합니다.

강의와 철저한 시험 분석을 통해 쌓인 공무원 영문법 학습의 모든 지식과 노하우를 담은 이 교재가 수험생들의 단기 합격의 원동력이 되길 바랍니다.

<해커스공무원 비비안 올인원 영문법>과 함께하는
꾸준한 한 걸음 한 걸음이 합격의 순간에 닿으리라 믿습니다.

2024년 9월
비비안 올림

CONTENTS

동사의 종류

동사는 영어 문장에서 중심적인 역할을 하며, 동사가 필요로 하는 문장 요소에 따라 크게 다섯 가지로 나눌 수 있다. 공무원 영어에서는 각 동사의 종류(형식)와 형태가 중요한 출제 포인트이자 공무원 영문법의 토대가 되므로 반드시 학습해야 한다.

1 문장의 5형식

자동사는 목적어를 갖지 않고 타동사는 동사 뒤에 반드시 목적어를 갖는다. 완전 동사는 보어 없이 쓰일 수 있는 동사이며, 불완전 동사는 뒤에 보어가 있어야 하는 동사이다.

형식	문장 구조
1형식	주어 + 1형식 자동사(완전 자동사)
2형식	주어 + 2형식 자동사(불완전 자동사) + 주격 보어
3형식	주어 + 3형식 타동사(완전 타동사) + 목적어
4형식	주어 + 4형식 타동사 + 간접 목적어 + 직접 목적어
5형식	주어 + 5형식 타동사(불완전 타동사) + 목적어 + 목적격 보어

2 1형식

1) 1형식 구조

'주어 + 1형식 자동사'의 형태로 쓴다.

2) 1형식 동사

왕래 발착 동사	go 가다 come 오다 leave 떠나다 arrive 도착하다 recede 후퇴하다
주체적 동작 동사	stand 서다 sit 앉다 walk 걷다 run 달리다 wake 깨다 lie 눕다
'발생하다' 동사	happen / occur / take place / arise / break out 발생하다
'나타나다' 동사	emerge / appear 나타나다 disappear 사라지다 fade 사라지다
'살다' 동사	live / dwell / reside / settle ~에 살다
'~에 위치하다' 동사	be / exist ~에 있다 range ~에 걸쳐있다
기타 동사	do 충분하다 work 효과가 있다, 일하다 matter / count 중요하다

3) 특정 전치사와 함께 쓰이는 자동사

to	object to ~에 반대하다 belong to ~에 속하다 listen to ~을 듣다 reply to ~에 대답하다 respond to ~에 답하다
for	account for ~을 설명하다 wait for ~을 기다리다
with	consist with ~과 일치하다 comply with ~을 따르다 deal with ~을 다루다
from	result from ~에서 초래되다 arise from ~에서 발생하다 suffer from ~으로 고통받다 differ from ~과 다르다 graduate from ~를 졸업하다
in	consist in ~에 있다 engage in ~에 종사하다 result in ~을 초래하다 participate in ~에 참여하다 succeed in ~에 성공하다
of	consist of ~으로 구성되다

Check Up

어법상 옳은 것에는 O, 틀린 것에는 X를 표시하고 틀린 부분을 바르게 고치시오.

She objects to be asked out by people at work. (O / X) [2011년 국가직 9급]

정답   X (to be → to being)

해설   object는 자동사이므로 to는 to 부정사의 to가 아니라 전치사 to이다. 따라서 to be를 to being으로 고쳐야 한다.

해석   그녀는 직장에서 사람들에게 데이트 신청을 받는 것을 싫어한다.

어휘   object 싫어하다, 반대하다   ask out ~에게 데이트를 신청하다

3 2형식

1) 2형식 구조

'주어 + 2형식 자동사 + 주격 보어'의 형태로 쓴다.

2) 2형식 동사의 종류

상태 유지 동사	be ~이다 keep/stay/remain/hold ~하게 있다
상태 변화 동사	become/get/turn/grow ~이 되다 go/come ~하게 변하다
판단·판명 동사	prove/turn out ~으로 판명되다 seem/appear ~인 것 같다
감각 동사	look ~처럼 보이다 feel ~처럼 느껴지다 sound ~처럼 들리다 smell ~한 냄새가 나다 taste ~한 맛이 나다

4 3형식

1) 3형식 구조

'주어 + 3형식 타동사 + 목적어'의 형태로 쓴다.

2) 3형식 동사의 종류

완전 타동사	함께 쓰지 않도록 주의해야 하는 전치사
discuss/announce/mention/consider/tell	about
approach/reach/oppose/answer/await/survive/address/attend/obey/ exceed/regret/affect/influence/answer/contact/resist	to
accompany/marry/resemble/face	with
enter/join/inhabit	in

3) 특정 전치사와 함께 사용되는 3형식 타동사

from 방해·금지의 전치사	prevent / prohibit / deter / discourage / keep / stop / inhibit / restrain / hider / hamper / impede / obstruct / block / dissuade	막다
from 구별의 전치사	separate, tell, distinguish	구별하다
of 분리·박탈의 전치사	rob / deprive / rid / free / relieve / drain / clear	제거하다
of (A that 주어 + 동사) 알림·통보의 전치사	inform / notify / warn / remind / convince / assure	알리다, 확신시키다
with 공급·제공의 전치사	provide / supply / equip / present / furnish / substitute / replace	공급하다, 교체하다
for 이유·원인의 전치사	blame / criticize / scold / praise / thank	비난하다, 칭찬하다

4) to 부정사를 목적어로 취하는 3형식 동사

희망 동사	want 원하다　wish 바라다　expect 기대하다　hope 희망하다
계획 동사	plan 계획하다　intend 의도하다　decide / determine 결정하다　prepare 준비하다
시도·노력 동사	try 노력하다　attempt 시도하다　seek 추구하다
기타 동사	refuse 거절하다　fail 실패하다　manage 그럭저럭해내다　pretend ~인 척하다 tend ~하는 경향이 있다　need ~을 필요로 하다　dare 감히 ~하다 deserve ~을 받을 만하다　afford 여유·형편이 되다

5) 동명사를 목적어로 취하는 3형식 동사

MEGA	mind 꺼리다　enjoy 즐기다　give up ~을 포기하다　admit 인정하다
PASS	postpone 연기하다, 미루다　avoid 피하다　suggest 제안하다　stop 그만두다
CDFIQ	consider 고려하다　deny 부정하다　dislike 싫어하다　finish 끝마치다 involve 포함하다　quit 그만두다

6) to 부정사와 동명사 둘 다를 목적어로 취하지만 의미가 달라지는 동사

비비안 쌤's Point
영작형으로 자주 출제되니 해석하면서 푸세요!

remember	to 부정사	~할 것을 기억하다 (미래)
	동명사	~한 것을 기억하다 (과거)
forget	to 부정사	~할 것을 잊다 (미래)
	동명사	~한 것을 잊다 (과거)
regret	to 부정사	~하게 되어 유감이다 (미래)
	동명사	~한 것을 후회하다 (과거)
try	to 부정사	~하는 것을 노력하다, 애쓰다
	동명사	~을 시험 삼아 한번 해보다
stop	to 부정사	~하기 위해 멈추다 (1형식)
	동명사	~을 그만두다, 멈추다 (3형식)

I forgot to lock the door. 나는 문을 잠글 것을 잊었다. (안 잠갔음)

I forgot locking the door. 나는 문을 잠갔던 것을 잊었다. (잠갔음)

7) 감정 유발 동사

비비안 쌤's Point
감정 유발 동사는 동사 자리인지, 분사 자리인지 구별하고 접근하세요!

주어가 동사의 대상인 목적어에게 '(어떤) 감정을 느끼게 하다'라는 의미로 3형식 동사이다.

interest ~에게 흥미를 일으키다	frustrate ~를 좌절시키다
please / amuse / entertain ~를 기쁘게 하다	excite ~를 흥분시키다
disappoint / depress ~를 낙담시키다	tire ~를 피곤하게 하다
surprise / astonish / amaze ~를 놀라게 하다	satisfy ~를 만족시키다
terrify / frighten / scare ~를 겁먹게 하다	exhaust ~를 기진맥진하게 하다
embarrass ~를 당황스럽게 만들다	touch ~를 감동시키다

The concert excited the audience. 그 콘서트는 청중을 흥분시켰다.

The loud sounds terrified a little girl. 그 큰 소리는 어린 소녀를 겁에 질리게 했다.

Check Up

1. 어법상 옳은 것에는 O, 틀린 것에는 X를 표시하고 틀린 부분을 바르게 고치시오.

Please contact to me at the email address I gave you last week. (O / X) [2018년 지방직 9급]

정답 X (contact to me → contact me)

해설 동사 contact(연락하다)는 전치사 없이 목적어를 바로 취하는 타동사이므로 contact to me를 contact me로 고쳐야 한다.

해석 지난주에 알려드린 이메일 주소로 연락 부탁드립니다.

2. 다음 문장 중 어법상 맞는 것은? [2017년 국회직 9급]

① I like that you will await for me.
② You'd better attend to your study.
③ She resembles to her mother very closely.
④ If you are free now, I want to discuss about it with you.

정답 ②

해설 ② attend는 '참석하다'를 의미할 때는 타동사로 쓰이지만, '전념하다, 주의하다(자동사)'로 쓰일 때 목적어를 취하기 위해 attend to로 쓴다. ①, ③, ④의 동사 await, resemble, discuss는 완전 타동사로 전치사 없이 바로 목적어를 취하므로 뒤의 전치사 for, to, about을 모두 삭제해야 한다.

해석 ① 나는 네가 나를 기다릴 것이라는 게 좋다.
② 너는 공부에 전념하는 것이 좋겠다.
③ 그녀는 어머니를 똑 닮았다.
④ 네가 지금 시간이 된다면, 나는 너와 그것에 대해 의논하고 싶다.

어휘 attend 전념하다, 주의를 기울이다   resemble 닮다   discuss 의논하다

3. 어법상 옳은 것에는 O, 틀린 것에는 X를 표시하고 틀린 부분을 바르게 고치시오.

The school will start a program designed to deter kids to watch TV too much. (O / X)

[2015년 사회복지직 9급]

정답 X (to watch → from watching)

해설 '아이들이 TV를 너무 많이 보는 것을 막다'는 'deter A from B(A가 B하는 것을 막다)'의 형태를 사용하여 나타낼 수 있는데, 전치사(from) 뒤에는 명사 역할을 하는 것이 와야 하므로 to 부정사 to watch를 전치사 from과 동명사 watching이 함께 쓰인 from watching으로 고쳐야 한다.

해석 학교는 아이들이 TV를 너무 많이 보는 것을 막기 위해 고안된 프로그램을 시작할 것이다.

4. 다음 빈칸에 들어갈 말로 가장 적절한 것은? [2013년 경찰직 1차]

A: Who suggested _____ ⓐ _____ on a camping holiday in October?
B: I did. But I didn't know it was going to rain. I don't enjoy _____ ⓑ _____ up a tent in the rain.

	ⓐ		ⓑ
①	to go	—	to put
②	to go	—	putting
③	going	—	to put
④	going	—	putting

정답 ④

해설 suggest와 enjoy는 모두 동명사를 목적어로 취하는 동사이다. 따라서 빈칸 ⓐ와 ⓑ에는 각각 going과 putting이 들어가야 한다.

해석 A: 누가 10월에 캠핑 여행을 가자고 제안했니?
B: 제가요. 하지만 비가 올 줄은 몰랐어요. 저도 비를 맞으며 텐트를 치는 걸 즐기지 않아요.

5. 다음 문장을 해석하시오.

1) I remember meeting you in Paris. → _____
2) I remember to meet you in Paris. → _____

정답 1) 나는 너를 파리에서 만났던 것을 기억한다.
2) 나는 너를 파리에서 만날 것을 기억한다.

5 혼동하기 쉬운 자동사와 타동사

자동사 원형 – 과거형 – 과거분사형(p.p.) / 현재분사형	타동사 원형 – 과거형 – 과거분사형(p.p.) / 현재분사형
lie – lay – lain / lying 눕다	lay – laid – laid / laying 눕히다, 놓다
rise – rose – risen / rising 일어나다	raise – raised – raised / raising 들다, 올리다
arise – arose – arisen / arising 발생하다	arouse – aroused – aroused / arousing 불러일으키다
sit – sat – sat / sitting 앉다	seat – seated – seated / seating 앉히다

She lay down on the sofa and took a nap. 그녀는 소파에 누워서 낮잠을 잤다.

She laid her book on the table and took a nap. 그녀는 책을 탁자 위에 놓고 낮잠을 잤다.

Tommy rises at six every morning. Tommy는 매일 아침 6시에 일어난다.

Tommy raised his hand. Tommy가 손을 들었다.

The accident arose yesterday. 그 사고는 어제 발생했다.

The announcement aroused expectations and questions. 그 발표는 기대와 의문을 불러일으켰다.

She sat on the sofa. 그녀는 소파에 앉았다.

She seated herself. 그녀는 자리에 앉았다.

6 4형식

1) 4형식 구조

'주어 + 4형식 타동사 + 간접 목적어 + 직접 목적어'의 형태로 쓴다.

2) 4형식 동사의 종류

give / grant ~에게 ~을 주다
buy ~에게 ~을 사주다
award ~에게 ~을 수여하다
bring ~에게 ~을 가져다주다

lend ~에게 ~을 빌려주다
teach ~에게 ~을 가르쳐주다
send ~에게 ~을 보내주다

3) 명사구와 명사절을 직접 목적어로 취하는 4형식 동사

show ~에게 ~을 보여주다
promise ~에게 ~을 약속하다
ask ~에게 ~을 묻다
remind ~에게 ~을 상기시키다
inform ~에게 ~을 알려주다
tell ~에게 ~을 말해주다
convince ~에게 ~을 납득시키다
warn ~에게 ~을 경고하다

+ 간접 목적어 + 직접 목적어 { ① to 부정사 (5형식)
② 의문사 + to 부정사
③ 명사절 }

* ask는 직접 목적어로 that절을 취할 수 없다.
* inform은 목적격 보어 자리에 to 부정사를 취할 수 없다.

7 4형식 문장의 3형식 전환

1) 구조

4형식 문장을 3형식 문장으로 전환하면 '주어 + 동사 + 직접 목적어 + 전치사 + 간접 목적어'의 형태로 쓴다.

2) 3형식으로 전환 시 함께 쓰이는 전치사의 종류

to	give / grant / teach / lend / bring / tell / send / show / offer / owe
for	buy / choose / make / prepare
of	ask / demand / inquire / require / request

3) 4형식으로 쓸 수 없는 3형식 동사

비비안 쌤's Point
'사람 + 사물'이 나오면 오답이에요!

Say
Suggest
Introduce
Describe   + to + 사람 + 목적어 (O)
Announce + 사람 + 목적어 (X)
Explain
Mention
Propose

비비안 쌤's Point
4형식으로 쓸 수 없는 3형식 동사를
'씨댐프'로 외워보세요.

Check Up

다음 4형식 문장을 3형식으로 전환할 때, 빈칸에 알맞은 전치사를 쓰시오.

1. Sarah bought her mom flowers.
   → Sarah bought flowers _____ her mom.

   정답 for
   해석 Sarah는 엄마에게 꽃을 사주었다.

2. Sarah gave her mom flowers.
   → Sarah gave flowers _____ her mom.

   정답 to
   해석 Sarah는 엄마에게 꽃을 주었다.

3. 어법상 옳은 것에는 O, 틀린 것에는 X를 표시하고 틀린 부분을 바르게 고치시오.

   He explained me the meaning of the sentence. (O / X) [2017년 국회직 9급]

   정답 X (me → to me)
   해설 explain은 4형식으로 쓸 수 없는 3형식 동사이므로, me를 to me로 고쳐야 한다.
   해석 그는 나에게 그 문장의 의미를 설명했다.

---

8 5형식

1) 5형식 구조

'주어 + 5형식 타동사 + 목적어 + 목적격 보어'의 형태로 쓴다.

2) 기본 5형식 동사의 종류

call ~를 ~으로 부르다	name ~를 ~으로 이름 짓다
elect ~을 ~으로 선출하다	believe ~를 ~이라고 믿다
consider / find / think ~을 ~으로 여기다	

3) 가목적어 it을 취하는 5형식 동사

주어 + { find / think / make / consider } + 가목적어 it + 형용사 또는 명사 + to 부정사 또는 that

Jeremy finds to learn English difficult. (X)

→ Jeremy finds it difficult to learn English. (O) Jeremy는 영어를 배우는 것이 어렵다는 것을 알았다.

4) 목적격 보어 자리에 to 부정사를 취하는 5형식 동사

비비안 쌤's Point
'포트카페우쥐'로 외워보세요.

P	permit	persuade	
O	order		
R	require	remind	recommend
T	tell		
C	cause	compel	convince
A	ask	allow	advise	assure
F	force	forbid	
E	expect	enable	encourage
W	want	wish	
U	urge		
G	get		

① 목적어와 목적격 보어의 관계가 능동인 경우:
목적어 + to 부정사

② 목적어와 목적격 보어의 관계가 수동인 경우:
목적어 + 과거분사

* 밑줄 친 동사는 'to be p.p.'의 형태로 쓸 수 있다.

* help는 3형식일 때 목적어 자리에 to 부정사와 동사원형을, 5형식일 때는 목적격 보어 자리에 to 부정사와 동사원형을 취할 수 있다.

5) 사역동사와 지각동사

비비안 쌤's Point
목적격 보어 자리에 to 부정사는 절대 나올 수 없어요!

① 사역동사

동사	목적어	목적격 보어
have/make/let	목적어와 목적격 보어의 관계가 능동	+ 동사원형
	목적어와 목적격 보어의 관계가 수동	+ p.p. (과거분사) *단, let은 1) _____

② 지각동사

동사	목적어	목적격 보어
see/watch/look at/ observe/notice/ hear/listen to/feel	목적어와 목적격 보어의 관계가 능동	+ 동사원형 V-ing
	목적어와 목적격 보어의 관계가 수동	+ p.p. (과거분사)

Check Up

어법상 옳은 것에는 O, 틀린 것에는 X를 표시하고 틀린 부분을 바르게 고치시오.

1. Most European countries failed to welcome Jewish refugees after the war, which caused many Jewish people immigrate elsewhere. (O / X) [2015년 서울시 9급]

   정답 X (immigrate → to immigrate)

   해설 동사 cause는 목적격 보어로 to 부정사를 취하는 동사이므로 동사원형 immigrate를 to 부정사 to immigrate로 고쳐야 한다.

   해석 대부분의 유럽 국가들은 전쟁 후에 유대인 난민들을 환영하지 않았고, 이로 인해 많은 유대인들이 다른 곳으로 이주하게 되었다.

   어휘 Jewish 유대인   refugee 난민, 망명자   immigrate 이주하다

2. As I went out for work, I saw a family moved in upstairs. (O / X) [2021년 지방직 9급]

   정답 X (moved → move 또는 moving)

   해설 지각동사 see(saw)는 목적어와 목적격 보어가 능동 관계일 때 동사원형이나 현재분사를 목적격 보어로 취하는 5형식 동사이다. 주어진 문장에서 목적어 a family와 목적격 보어가 '한 가족이 이사 오다'라는 의미의 능동 관계이므로, 과거분사 moved를 동사원형 move나 현재분사 moving으로 고쳐야 한다.

   해석 내가 일하러 나갔을 때, 나는 위층으로 이사 온 가족을 보았다.

3. The police authorities had the woman arrested for attacking her neighbor. (O / X)

   [2021년 지방직 9급]

   정답 O

   해설 사역동사 have(had)는 목적어와 목적격 보어가 수동 관계일 때 과거분사를 목적격 보어로 취하는 5형식 동사이다. 목적어 the woman과 목적격 보어가 '여자가 (경찰 당국에 의해) 체포되다'라는 의미의 수동 관계이므로, 과거분사 arrested가 올바르게 쓰였다.

   해석 경찰 당국은 그 여성을 이웃을 공격한 혐의로 체포했다.

---

1) be + p.p. (과거분사)

4. Don't let me distracted by the noise you make. (O / X) [2021년 지방직 9급]

정답 X (let me distracted → let me be distracted)

해설 사역동사 let은 목적어와 목적격 보어가 수동 관계일 때 목적격 보어로 'be + p.p.'의 형태를 취하는 5형식 동사이다. 목적어 me와 목적격 보어가 '내가 산만해지다'라는 의미의 수동 관계이므로 let me distracted를 let me be distracted로 고쳐야 한다.

해석 당신이 내는 소음에 제가 산만해지지 않게 해주세요.

🟦 목적어 뒤에 as나 to be를 갖는 동사

1) 목적격 보어 자리에 '_____[1)]_____'를 취하는 동사

regard 간주하다
think of 생각하다   + 목적어 + as + 목적격 보어
look upon 여기다
refer to 부르다

Most people regard the environmental problem as a serious issue.
대부분의 사람들은 환경 문제를 심각한 문제로 간주한다.

He thinks of the computer as an essential item. 그는 컴퓨터를 필수품이라고 생각한다.

2) 목적격 보어 자리에 '(to be) + 명사·형용사'를 취하는 동사

think/believe + 목적어 + (to be) + 명사·형용사

Tiffany thinks James (to be) honest. Tiffany는 James가 정직하다고 생각한다.

3) 목적격 보어 자리에 'as + 명사' 혹은 'to be + 명사·형용사'를 모두 취할 수 있는 동사

consider + 목적어 + 명사 / 형용사 / 분사 / as 명사 / to be 명사·형용사

Richard considers his cat important. Richard는 그의 고양이를 중요하게 여긴다.

Richard considers his cat (to be) important. Richard는 그의 고양이를 중요하게 여긴다.

Richard considers his cat (as) (to be) a member of the family. Richard는 그의 고양이를 가족의 일원으로 여긴다.

---

1) as + 목적격 보어

1. 감각 동사의 보어로 올 수 있는 것

① 형용사
She looks lovely. 그녀는 사랑스러워 보인다.

② 분사(현재/과거)
Her plan sounds exciting. 그녀의 계획은 흥미롭게 들린다.

③ like + 명사
This candy tastes like walnuts. 이 사탕은 호두 맛이 난다.

④ as if + 주어 + 동사
Her voice sounds as if she was smiling a little. 그녀의 목소리는 약간 웃고 있는 것처럼 들린다.

2. 유사 보어: 1형식 완전 자동사 또는 필수 문장 성분을 모두 갖춘 구조 뒤에서, 주어의 상태를 덧붙여 설명하는 형용사

She died young. 그녀는 젊어서 죽었다.
He returned safe. 그는 무사히 돌아왔다.

3. 동족목적어: 어원적으로 동사와 같은 명사로 목적어로 쓰인다.

She tries to live a happy life. 그녀는 행복한 삶을 살기 위해 노력한다. [2021년 경찰직 1차]
She was destined to live a life of serving others. 그녀는 다른 사람들을 위해 봉사하는 삶을 살 운명이었다. [2018년 지방직 9급]

MEMO

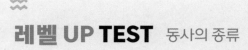
정답·해석·해설 p.164

어법상 옳은 것에는 O, 틀린 것에는 X를 표시하고 틀린 부분을 바르게 고치시오.

01 그는 이곳에서 일하는 것이 흥미롭다는 것을 알았다. [2024년 지방직 9급]
→ He found it exciting to work here. [   ]

02 그녀는 나에게 일찍 떠날 것이라고 언급했다. [2024년 지방직 9급]
→ She mentioned me that she would be leaving early. [   ]

03 나는 그가 오는 것을 원하지 않았다. [2024년 지방직 9급]
→ I didn't want him to come. [   ]

04 과거 경력 덕분에 그는 그 프로젝트에 적합하였다. [2023년 지방직 9급]
→ His past experience made him suited for the project. [   ]

05 Advances in transplant technology have made it possible to extend the life of individuals with end-stage organ disease. [2023년 국가직 9급] [   ]

06 A woman with the tip of a pencil stuck in her head has finally had it remove. [2023년 국가직 9급]
[   ]

정답

01 O

02 X (me → to me)

03 O

04 O

05 O

06 X (remove → removed)

07 나는 단 한 푼의 돈도 낭비할 수 없다. [2022년 지방직 9급]

→ I can afford to waste even one cent. [   ]

08 그녀의 얼굴에서 미소가 곧 사라졌다. [2022년 지방직 9급]

→ The smile soon faded from her face. [   ]

09 My sweet-natured daughter suddenly became unpredictably. [2021년 지방직 9급] [   ]

10 He said he would rise my salary because I worked hard. [2021년 국가직 9급] [   ]

11 I couldn't find any vegetables in the refrigerator, which means my wife must have forgotten buying some on her way home. [2019년 서울시 7급] [   ]

12 Top software companies are finding increasingly challenging to stay ahead.

[2018년 지방직 9급] [   ]

13 Hiding behind the curtain, I waited the shadow to reappear. [2013년 서울시 9급] [   ]

14 Unavoidable circumstances prevented me from setting about the work. [2013년 국가직 7급] [   ]

정답

07 X (can → cannot)

08 O

09 X (unpredictably → unpredictable)

10 X (rise → raise)

11 X (buying → to buy)

12 X (finding increasingly → finding it increasingly)

13 X (waited → waited for 또는 awaited)

14 O

15 If no one bought those items, people would stop killing those endangered animals.

[2013년 법원직 9급]

[　　]

16 Walking is best for nature, and lets you get to know the place you're visiting more closely.

[2013년 법원직 9급]

[　　]

17 어제 눈이 많이 와서 많은 사람들이 길에서 미끄러졌다. [2012년 국가직 9급]

→ We had much snow yesterday, which caused lots of people slip on the road.

[　　]

18 I got scared when I saw the truck closing up on me. [2012년 국가직 9급]

[　　]

19 나는 지난 토요일에 편지 부친 것을 기억하지 못한다. [2012년 경북 교육행정직 9급]

→ I don't remember to mail the letter last Saturday.

[　　]

20 They must obey to their senior officers. [2012년 국회직 9급]

[　　]

21 We noticed them to come in. [2011년 서울시 9급]

[　　]

정답

15 O	**19** X (to mail → mailing)
16 O	**20** X (obey to → obey)
17 X (slip → to slip)	**21** X (to come → come 또는 coming)
18 O	

22 If you use a digital camera, you don't need to have the film develop. [2011년 기상직 9급]   [   ]

23 I think you should get your blood pressure checked. [2011년 기상직 9급]   [   ]

24 So if those climatic factors change, you will expect grasslands change. [2011년 법원직 9급]

[   ]

25 I thought it uselessly to fight with them. [2009년 지방직 7급]   [   ]

26 Please remember to put out the cat before you go to bed. [2008년 국가직 9급]   [   ]

27 We are looking forward for you to come. [2007년 법원직 9급]   [   ]

28 Needless to say, it is a privilege to address to such a prominent audience like you all.
[2007년 국가직 7급]   [   ]

29 Brakes are also used in many cases to keep a stopped vehicle to move.
[2003년 법원직 9급]   [   ]

정답·해석·해설 p.164

정답

22 X (develop → developed)	**26** O
23 O	**27** X (for you to come → to your coming)
24 X (change → to change)	**28** X (address to → address)
25 X (uselessly → useless)	**29** X (to move → from moving)

Unit 02 동사의 태

능동태는 '주어가 ~하다'라는 의미로 주어가 행위의 주체가 되며, 수동태는 '주어가 ~되다/당하다'라는 의미로 주어가 행위의 대상이 된다. 주어와 동사의 관계를 해석하여 능동태와 수동태를 구분할 수도 있지만, 때로는 모호한 경우가 있으므로 해석에 전적으로 의존할 수는 없다. 동사의 능동태와 수동태를 구분하는 문제는 공무원 영어의 빈출 포인트이므로 학습할 공식으로 능동태와 수동태를 구분하면 문제를 더 빠르게 해결할 수 있다.

1 능동태와 수동태의 기본 개념

1) 능동태와 수동태

① 능동태는 '주어가 ~하다'라는 의미로 주어가 행위의 주체가 되며,
수동태는 '주어가 ~되다/받다/당하다'라는 의미로 주어가 행위의 대상이 된다.
② 수동태 동사의 기본 형태는 '1)_____'이다.
③ 목적어를 갖지 않는 자동사는 수동태 문장을 만들 수 없고, 목적어를 갖는 타동사만 수동태 문장을 만들 수 있다.

> **비비안 쌤's Point**
> 수동태의 의미를 '되받당'으로 외워보세요!

2) 수동태의 시제별 공식

단순 현재 수동태	am/is/are p.p.
현재진행 수동태	am/is/are being p.p.
현재완료 수동태	have/has been p.p.
단순 과거 수동태	was/were p.p.
과거진행 수동태	was/were being p.p.
과거완료 수동태	had been p.p.
단순 미래 수동태	will be p.p.
미래진행 수동태	will be being p.p.
미래완료 수동태	will have been p.p.

---

1) be + p.p.

2 3형식 문장의 수동태

1) 3형식 문장의 수동태

능동태	주어 + 3형식 동사 + 목적어
수동태	목적어 + be p.p. + (by 주어)

2) 목적어가 명사절인 3형식 문장의 수동태

say	believe	find	think	expect	consider	know	feel

① 목적어가 명사절인 경우 주어가 길어지므로, 수동태를 만들 때 가주어 it을 사용한다.

He thinks that she is honest. 그는 그녀가 정직하다고 생각한다.

→ That she is honest is thought by him. (X)

→ It is thought that she is honest. (O)

② that절의 주어가 수동태의 주어가 되면 뒤에 to 부정사를 사용한다.

He thinks that she is honest. 그는 그녀가 정직하다고 생각한다.

→ She is thought to be honest.

Check Up

1. 다음 능동태 문장을 수동태로 바꿔 쓰시오.

They robbed my friend of her bag.

→ _____

정답 My friend was robbed of her bag (by them).

해설 수동태 문장은 능동태 문장의 목적어를 주어로 쓰고 동사 자리에 'be p.p.' 형태를 써야 한다. 'by + 주어'는 생략할 수 있으므로 My friend was robbed of her bag (by them)으로 써야 한다.

해석 그들은 내 친구의 가방을 강탈했다.

2. 다음 문장을 가주어 it과 to 부정사를 사용하는 수동태 문장으로 각각 바꿔 쓰시오.

They believe that the news is inaccurate.

→ _____

→ _____

정답 It is believed that the news is inaccurate.
The news is believed to be inaccurate.

해석 그들은 그 뉴스가 부정확하다고 믿는다.

3 4형식 문장의 수동태

1) 4형식 문장의 수동태

능동태	주어 + 4형식 동사 + 간접 목적어 + 직접 목적어
간접 목적어가 주어인 수동태	간접 목적어 + be p.p. + 직접 목적어 + (by + 주어)
직접 목적어가 주어인 수동태	직접 목적어 + be p.p. + 전치사 + 간접 목적어 + (by + 주어)

2) 직접 목적어가 주어인 수동태 문장에서 쓰이는 전치사

to	give / send / bring / show / write / read / pay / sell / offer
for	make / buy / cook / get / find / fix
of	ask / inquire / require / request

Check Up

다음 문장을 간접 목적어와 직접 목적어를 주어로 하는 수동태 문장으로 바꿔 쓰시오.

My mom gave me money.

→ _____

→ _____

정답 I was given money (by my mom).
　　 Money was given to me (by my mom).
해석 엄마가 나에게 돈을 주셨다.

---

4 5형식 문장의 수동태

1) 5형식 문장의 수동태

능동태	주어 + 5형식 동사 + 목적어 + 목적격 보어
수동태	목적어 + be p.p. + 목적격 보어

비비안 쌤's Point
목적격 보어가 'be p.p.' 뒤에 있다는 사실을 잊지 마세요!

2) 사역·지각동사의 수동태

능동태의 목적격 보어 자리에 동사원형이 있을 경우, 수동태에서는 to 부정사로 써야 한다.

Check Up

다음 능동태 문장을 수동태로 바꿔 쓰시오.

1. He saw her entering the room.

→ _____

정답 She was seen entering the room.
해석 그는 그녀가 방으로 들어가는 것을 보았다.

2. They made their car repaired.

→ _____

정답 Their car was made repaired.
해석 그들은 차를 수리했다.

3. She made him repair her car.

→ _____

정답 He was made to repair her car.
해석 그녀는 그에게 그녀의 차를 고치게 시켰다.

5 동사구의 수동태

> **비비안 쌤's Point**
> 동사구의 수동태는 세트로 빠짐없이 움직인다는 것을 잊지 마세요!

pay attention to ~에 주의를 기울이다	take advantage of ~을 이용하다
take care of ~를 돌보다	make fun of ~를 놀리다
turn off ~을 끄다	call off ~을 취소하다
laugh at ~를 비웃다	run over 차가 ~을 치다
catch up with ~를 따라잡다	look up to ~를 존경하다
turn on ~을 켜다	give up ~을 포기하다
turn in ~을 제출하다	look at ~을 보다

Check Up

다음 능동태 문장을 수동태로 바꿔 쓰시오.

1. I took care of my brother's daughter.

→ _____

정답 My brother's daughter was taken care of by me.
해석 나는 내 남동생의 딸을 돌보았다.

2. He called off the picnic because of the rain.

→ _____

정답 The picnic was called off by him because of the rain.

해석 그는 비 때문에 소풍을 취소했다.

3. Many students look up to their teachers.

→ _____

정답 Their teachers are looked up to by many students.

해석 많은 학생들이 선생님을 존경한다.

6 수동태로 쓸 수 없는 동사

> **비비안 쌤's Point**
> 동사 자리에 'be p.p.' 형태로 들어갈 수 없음을 꼭 암기하세요!

능동태 문장의 목적어가 수동태 문장의 주어가 되므로, 목적어를 갖지 않는 자동사와 상태를 나타내는 타동사는 수동태로 쓸 수 없다.

1) 자동사

turn ~이 되다	remain ~인 채로 남아 있다
range 범위에 이르다	arise 발생하다
rise/occur/happen/take place 일어나다	result 결과로서 생기다/끝나다
belong to 속하다	wait 기다리다
consist of ~으로 구성되다	suffer from ~으로 고통받다
disappear 사라지다	

2) 수동태로 쓸 수 없는 타동사

have 가지다	possess 소유하다
resemble ~을 닮다	cost 비용이 들다
lack ~이 부족하다	let 하게 하다

MEMO

정답·해석·해설 p.166

어법상 옳은 것에는 O, 틀린 것에는 X를 표시하고 틀린 부분을 바르게 고치시오.

01 My dog disappeared last month and hasn't been seen since. [2024년 지방직 9급] [   ]

02 The picture was looked at carefully by the art critic. [2023년 지방직 9급] [   ]

03 All assignments are expected to be turned in on time. [2023년 국가직 9급] [   ]

04 A horse should be fed according to its individual needs and the nature of its work.
[2022년 국가직 9급] [   ]

05 She has known primarily as a political cartoonist throughout her career. [2022년 국가직 9급] [   ]

06 We were made copy the script. [2020년 경찰직 2차] [   ]

07 A huge research fund was given to a local private university by the Ministry of Education.
[2019년 서울시 7급] [   ]

정답

01 O	05 X (has known → has been known)
02 O	06 X (copy → to copy)
03 O	07 O
04 O	

08 The game was watching outside the stadium on a huge screen. [2018년 경찰직 3차]　　[　　]

09 The whole family is suffered from the flu. [2017년 국가직 9급]　　[　　]

10 The Aswan High Dam has been protected Egypt from the famines of its neighboring countries.
[2017년 지방직 9급]　　[　　]

11 This announcement will be appeared in the student newspaper. [2014년 국가직 9급]　　[　　]

12 The workers are offered practical information by a special library. [2013년 지방직 9급]　　[　　]

13 Their artworks are called sand paintings. [2013년 법원직 9급]　　[　　]

14 The group was consisted of ten people. [2012년 사회복지직 9급]　　[　　]

15 One of my closest friends robbed of her backpack during her stay in Naples last year.
[2011년 경찰직 2차]　　[　　]

16 J. Robert Oppenheimer, who was perhaps the most brilliant nuclear physicist in the 20th century, is often referred as "the father of the atomic bomb." [2006년 국회직 8급]　　[　　]

정답·해석·해설　p.166

정답

08 X (was watching → was watched)	**13** O
09 X (is suffered from → suffers from)	**14** X (was consisted of → consisted of)
10 X (has been protected → has protected)	**15** X (robbed → was robbed)
11 X (will be appeared → will appear)	**16** X (referred as → referred to as)
12 O	

Unit 03 동사의 시제

동사는 어느 시점의 동작이나 상태를 나타내는지에 따라 다른 형태를 가지며, 이것을 동사의 시제라고 한다. 동사의 시제는 크게 단순 시제와 진행 시제, 완료 시제로 구분하고, 각 시제는 현재 / 과거 / 미래로 분류할 수 있다.

1 단순 시제

> **비비안 쌤's Point**
> 현재 시제는 지속성이 중요해요!

1) 현재 시제

① 현재 시제의 형태

am / is / are / 동사원형(-s/es)

② 현재 시제의 쓰임

현재의 동작이나 상태	Tommy is a high school teacher now. Tommy는 지금 고등학교 선생님이다.
현재의 습관이나 반복적인 행위	Amy usually reads a book at night. Amy는 보통 밤에 책을 읽는다.
불변의 진리 혹은 과학적 사실	Water freezes at 0 degrees Centigrade. 물은 섭씨 0도에서 언다.
일반적인 사실	Modern technology provides people with more free time. 현대 기술은 사람들에게 더 많은 자유 시간을 제공한다.

2) 과거 시제

① 과거 시제의 형태

was / were / 일반동사의 과거형 / used to + 동사원형

② 과거 시제의 쓰임

과거의 동작이나 상태	Tommy was a high school teacher last year. Tommy는 작년에 고등학교 선생님이었다.
역사적 사실	The Korean War broke out in 1950. 한국 전쟁은 1950년에 발발했다.
과거의 습관이나 직업	Amy used to read a book at night. Amy는 밤에 책을 읽곤 했다.

3) 미래 시제

① 미래 시제의 형태

will + 동사원형 / be + going to + 동사원형

② 미래 시제의 쓰임

미래의 계획, 의지 혹은 순간의 결정	I will pass the exam this year. 나는 올해 시험에 합격할 것이다.
예정이나 계획, 혹은 가까운 미래	It is going to snow soon. 곧 눈이 올 것이다.

비비안 쌤's Point

현재/과거/미래 시제와 자주 함께 쓰이는 표현을 외워보세요!
현재: usually/always/often/each month(year)/generally
과거: yesterday, 시간 + ago, last ~, in + 과거 시간, during + 과거 시간, before, at that time, those days, when + 과거 시점
미래: tomorrow, next + 시간 표현, by/until + 미래 시간 표현, in + 미래 시간 표현

4) 시제 예외 법칙

① 불변의 진리/속담, 현재 반복적 습관, 과학적 사실은 항상 현재 시제를 쓴다.

비비안 쌤's Point

현재 시제나 과거완료 시제는 안 돼요!

② 역사적 사실은 항상 과거 시제를 쓴다.

③ 시간이나 조건을 나타내는 부사절 내에서는 미래를 표현할 때, 현재 시제가 미래 시제를 대신한다.

	부사절		주절
시간을 나타내는 부사절 접속사	When/After/As Soon as/ By the time/Before/ The moment/Next time	+ 주어 + 현재 시제 (O) + 미래 시제 (X)	주어 + 동사 { 미래 시제 또는 미래의 의미
조건을 나타내는 부사절 접속사	If/In case/Unless/ Provided (that)		

When you come next, I will make you a nice dinner at my place.
다음번에 오면, 우리 집에서 맛있는 저녁을 만들어 줄게.

비비안 쌤's Point

시간과 조건의 부사절에서 사용하는 시제를
앞 글자를 딴 '시조부현미'로 외워보세요!

If I pass the exam next year, I will travel around the world.
내가 내년 시험에 합격한다면, 나는 세계여행을 할 것이다.

Check Up

어법상 옳은 것에는 O, 틀린 것에는 X를 표시하고 틀린 부분을 바르게 고치시오.

1. My house is painted every five years. (O / X) [2021년 지방직 9급]

   정답 O
   해설 현재의 반복적인 습관을 설명하는 것이므로 현재 시제인 is painted가 올바르게 쓰였다.
   해석 내 집은 5년마다 페인트칠 된다.

2. Jamie learned from the book that World War I had broken out in 1914. (O / X) [2017년 국가직 9급]

   정답 X (had broken out → broke out)
   해설 역사적 사실은 항상 과거 시제를 써야 하므로 had broken out을 broke out으로 고쳐야 한다.
   해석 Jamie는 책에서 1차 세계대전이 1914년에 일어났다는 것을 배웠다.

2 완료 시제

1) 현재완료

비비안 쌤's Point
과거와 현재완료를 구별하는 것이 중요해요!

비비안 쌤's Point
영어의 발명품이라고 볼 수 있는 현재완료는
과거에서 현재까지 이어지는 지속성을 나타내요!

① 현재완료의 개념

'has/have + p.p.'의 형태로 과거의 일이 현재까지 영향을 미칠 때 사용한다.

② 현재완료의 용법

계속적 용법	Jason <u>has worked</u> for the company since 2000. Jason은 2000년부터 그 회사에서 일해왔다. Debora <u>has played</u> the violin for seven years. Debora는 7년 동안 바이올린을 연주해 왔다.	계속해서 ~하고 있다
경험적 용법	She <u>has been</u> to New York before. 그녀는 전에 뉴욕에 간 적이 있다.	~한 적이 있다 / 가본 적이 있다
완료적 용법	I <u>have</u> just <u>finished</u> my <u>homework</u>. 나는 막 숙제를 끝냈다.	이미 ~했다 / 막~ 했다 / 아직도 ~못했다
결과적 용법	My sister <u>has gone</u> to New York. 내 여동생은 뉴욕에 가버렸다.	~한 결과 ~해버렸다

비비안 쌤's Point
완료적 용법은 과거 시제로도 사용 가능해요!

비비안 쌤's Point
현재완료 시제와 자주 함께 쓰이는 표현
계속적 용법: since + 과거 표현, so far, for/over + 기간
완료적 용법: already, yet, just

비비안 쌤's Point
해석으로 선후 관계를 확인하고, 현재완료 시제와 구별하세요!

2) 과거완료

① 과거완료의 개념

'had + p.p.'의 형태로 대과거 혹은 과거보다 더 이전에 있었던 일을 표현할 때 사용한다.

② 과거완료 시제의 쓰임

had p.p. + before	My roommate <u>had left before</u> I woke up. 내 룸메이트는 내가 일어나기 전에 떠났다.
after + 주어 + had p.p.	My roommate left <u>after I had woken up</u>. 내 룸메이트는 내가 일어나고 난 후 떠났다.
had (already) p.p. + by the time	He <u>had already gone</u> to Paris <u>by the time</u> I came back home. 내가 집에 돌아왔을 때 그는 이미 파리로 가 있었다.

3) 미래완료의 개념

'will have + p.p.'의 형태로 과거 또는 현재에 시작한 행위가 미래에 완료될 행위를 표현할 때 사용한다.

By the time Susan reads my letter, I <u>will have left</u> Amsterdam.
Susan이 내 편지를 읽을 때쯤, 나는 암스테르담을 떠날 것이다.

I <u>will have lived</u> in Hawaii for fifteen years by this October.
나는 이번 10월이면 하와이에서 15년을 살게 된 셈이다.

3 진행 시제

1) 현재진행 시제

'am / is / are + -ing'의 형태로 현재 진행되고 있는 일을 표현할 때 사용한다.

I <u>am making</u> my lunch right now. 나는 지금 점심을 만들고 있다.

2) 과거진행 시제

'was / were + -ing'의 형태로 특정 과거 시점에 진행되고 있었던 일을 표현할 때 사용한다.

I <u>was making</u> my lunch at noon yesterday. 나는 어제 정오에 점심을 만들고 있었다.

3) 미래진행 시제

'will be + -ing'의 형태로 특정 미래 시점에 어떤 일이 진행되고 있을 것임을 표현할 때 사용한다.

I <u>will be jogging</u> in the park at 9 tomorrow. 나는 내일 9시에 공원에서 조깅을 하고 있을 것이다.

4) 진행 시제로 쓸 수 없는 동사

> **비비안 쌤's Point**
> 'be + ing' 형태로 쓸 수 없어요!

> **비비안 쌤's Point**
> see는 '알다'라는 뜻도 있어요!

감정 동사	like / hate / prefer / love
소유 동사	have / possess / belong to / own / include
인식 동사	know / understand / realize / believe / remember / forget / see
감각 동사	appear / seem / look / taste / smell / sound
상태 동사	be / resemble / remain
기타 동사	want / wish / need / agree / deny / promise

She ~~is wanting~~ to be a police officer. 그녀는 경찰이 되고 싶어 한다.
　　　→ wants

> **비비안 쌤's Point**
> feel은 진행 시제로 쓸 수 있다는 것을 잊지 마세요!

I ~~am knowing~~ that you are in trouble. 나는 당신이 곤경에 처해 있다는 것을 알아요.
　　　→ know

4 시제 일치의 법칙

1) 주절의 시제가 현재 / 현재완료 / 미래 시제인 경우

주절	종속절
주어 + 동사 { 현재 / 현재완료 / 미래 }	that + 주어 + 동사 동사 자리에 과거완료 시제를 제외하고 모든 시제가 올 수 있음

2) 주절의 시제가 과거 시제인 경우

주절	종속절
주어 + 동사 { 과거 }	that + 주어 + 동사 { 과거 / 과거완료 }

5 시제 관련 표현

> **비비안 쌤's Point**
> 빈출 표현이므로 무조건 암기하셔야 해요!

1) '~하자마자 ~하다'

① { As soon as / The moment } + 주어 + 동사 ~, 주어 + 동사 ~
                         과거 시제   과거 시제

② 주어 + had + { no sooner / hardly / scarcely } + p.p.~ + { than / when / before } + 주어 + 동사
                                                 과거 시제

★ ③ { No sooner / Hardly / Scarcely } + had + 주어 + p.p.~ + { than / when / before } + 주어 + 동사
                                                        과거 시제

As soon as the picnic was over, it began to rain. 소풍이 끝나자마자 비가 내리기 시작했다.

= The moment the picnic was over, it began to rain.

= The picnic had no sooner been over than it began to rain.

= The picnic had hardly/scarcely been over when/before it began to rain.

= No sooner had the picnic been over than it began to rain.

= Hardly/Scarcely had the picnic been over when/before it began to rain.

2) 'B가 되어서야 (비로소) A하다'

> not A until B
> = Not until B A
> = It was not until B that A

비비안 쌤's Point

'Not until B A' 구문에서 A는 '동사 + 주어'의 도치 어순으로 쓰고, 'It was not until B that A' 구문에서 A는 '주어 + 동사'의 어순으로 쓰는 것을 잊지 마세요!

My friend did <u>not</u> arrive <u>until</u> 7. 7시가 되어서야 비로소 내 친구가 도착했다.

= <u>Not until</u> 7 did my friend arrive.

= <u>It was not until</u> 7 <u>that</u> my friend arrived.

3) '채 ~하기도 전에 ~했다'

> 주어 + had not p.p.~ + before/when + 주어 + 동사
> 　　　　　　　　　　　　　　　　　　　　　　　과거 시제

I <u>had not slept</u> half an hour <u>before/when</u> my phone <u>rang</u>. 내가 30분도 채 자기도 전에 전화벨이 울렸다.

Check Up

다음 문장들의 의미가 같도록 문장을 쓰시오.

1. As soon as she entered the room, someone turned on the light.
= _____
= _____
= _____
= _____
= _____

정답　The moment she entered the room, someone turned on the light.
　　　She had no sooner entered the room than someone turned on the light.
　　　She had hardly/scarcely entered the room when/before someone turned on the light.
　　　No sooner had she entered the room than someone turned on the light.
　　　Hardly/Scarcely had she entered the room when/ before someone turned on the light.

해석　그녀가 방에 들어가자마자, 누군가가 불을 켰다.

2. He didn't know the news until yesterday.
= _____
= _____

정답　Not until yesterday did he know the news.
　　　It was not until yesterday that he knew the news.

해석　그는 어제가 되어서야 그 소식을 알게 되었다.

3. He didn't realize the importance of money until he lost it.
= _____
= _____

정답 Not until he lost it did he realize the importance of money.
      It was not until he lost it that he realized the importance of money.

해석 그는 돈을 잃고 나서야 돈의 소중함을 깨달았다.

한스푼 레벨UP!

1. 부사절 vs. 명사절 vs. 형용사절
부사절이 아닌 명사절이나 형용사절에서는 미래 시제를 사용한다.

① 부사절

My mom will throw a party when my sister comes back next week.
우리 엄마는 다음 주에 내 여동생이 돌아오면 파티를 열 것이다.

② 명사절

My mom wants to know when my sister will come back next week.
우리 엄마는 내 여동생이 다음 주 언제 돌아오는지 알고 싶어 하신다.

③ 형용사절

My mom wants to know the time when my sister will come back next week.
우리 엄마는 다음 주에 내 여동생이 언제 돌아오는지 시간을 알고 싶어 하신다.

2. 현재진행 시제로 미래를 나타낼 수 있다.
미래에 일어나기로 예정되어 있는 일을 현재진행 시제로 표현할 수 있다. 반드시 일어날 약속 또는 명백한 결정 사항을 나타낸다.

She is leaving New York next week. 그녀는 다음 주에 뉴욕을 떠난다.

They are getting married in April. 그들은 4월에 결혼한다.

MEMO

정답·해석·해설 p.168

어법상 옳은 것에는 O, 틀린 것에는 X를 표시하고 틀린 부분을 바르게 고치시오.

01 나는 2년 전에 그에게서 마지막 이메일을 받았다. [2024년 국가직 9급]
→ I've received the last e-mail from him two years ago. [   ]

02 그녀는 이틀에 한 번 머리를 감는다. [2023년 국가직 9급]
→ She washes her hair every other day. [   ]

03 Hardly had I closed my eyes when I began to think of her. [2023년 국가직 9급] [   ]

04 나는 5년 후에 내 사업을 시작할 작정이다. [2022년 지방직 9급]
→ I'm aiming to start my own business in five years. [   ]

05 식사를 마치자마자 나는 다시 배고프기 시작했다. [2022년 지방직 9급]
→ No sooner I have finishing the meal than I started feeling hungry again. [   ]

06 I was born in Taiwan, but I have lived in Korea since I started work. [2021년 국가직 9급] [   ]

정답

01 X (I've → I)

02 O

03 O

04 O

05 X (I have finishing → had I finished)

06 O

07 By the time you came back here, she will have left for her country. [2021년 경찰직 1차]　　　[　　]

08 We'd been playing tennis for about half an hour when it started to rain heavily.
[2020년 경찰직 2차]　　　[　　]

09 No sooner had he seen me than he ran away. [2020년 경찰직 2차]　　　[　　]

10 Last night the police have said that they had found the missing girl. [2020년 경찰직 1차]　　　[　　]

11 나는 은퇴 후부터 내내 이 일을 해 오고 있다. [2019년 국가직 9급]
→ I have been doing this work ever since I retired.　　　[　　]

12 For years, cosmetic companies have been telling women that beauty is a secret to success.
[2019년 서울시 7급]　　　[　　]

13 She is seeing her family doctor tomorrow to check the result of the medical check-up she had a month ago. [2019년 서울시 7급]　　　[　　]

14 Scarcely had we reached there when it began to snow. [2019년 서울시 9급]　　　[　　]

정답

07	X (came → come)	11	O
08	O	12	O
09	O	13	O
10	X (have said → said)	14	O

15 We will never get to the meeting unless the train leaves within five minutes. [2018년 경찰직 3차]

[   ]

16 When he will retire next month, we will give him a present. [2018년 경찰직 1차]

[   ]

17 She has worked as my secretary for the last three years and has been an excellent employee.
[2018년 지방직 9급]

[   ]

18 그는 며칠 전에 친구를 배웅하기 위해 역으로 갔다. [2018년 지방직 9급]
→ He went to the station a few days ago to see off his friend.

[   ]

19 우리가 도착했을 때 영화는 이미 시작했었다. [2018년 지방직 9급]
→ The movie had already started when we arrived.

[   ]

20 China's imports of Russian oil skyrocketed by 36 percent in 2014. [2015년 국가직 9급]

[   ]

21 Hardly had the game begun when it started raining. [2008년 국회직 8급]

[   ]

정답	
15 O	**19** O
16 X (will retire → retires)	**20** O
17 O	**21** O
18 O	

MEMO

Unit 04 주어와 동사의 수 일치

동사는 주어의 수에 일치시켜야 한다. 단수 주어에는 단수 동사가 오고, 복수 주어에는 복수 동사가 온다.

1 주어와 동사의 수 일치

1) 수 일치의 기본 개념

동사는 항상 주어의 수에 일치시켜야 한다.

주어			동사	
명사	가산 명사	단수 명사	단수 동사 (is / was / has / 일반동사(e)s)	
		복수 명사	복수 동사 (are / were / have / 일반동사)	
	불가산 명사		단수 동사	
대명사	I		am / was / have	복수 동사
	He / She / It		is / was / has	단수 동사
	We / You / They		are / were / have	복수 동사
동명사			단수 동사	
to 부정사				
명사절				

2) 단위 개념의 수 일치

시간 / 거리 / 무게 / 금액 등 단위의 개념은 단수 취급한다.

Three years is a long enough time to forget you. 3년은 너를 잊기에 충분한 시간이다.

어법상 알맞은 것을 고르시오.

1. The students in our class (is / are) opponents of the death penalty.

> 정답   are
>
> 해설   주어 students가 복수 명사이므로 복수 동사인 are를 써야 한다.
>
> 해석   우리 반 학생들은 사형 제도의 반대자들이다.
>
> 어휘   opponent 반대자

2. Watching movies (is / are) my hobby.

> 정답   is
>
> 해설   주어 Watching movies가 동명사이므로 단수 동사인 is를 써야 한다.
>
> 해석   내 취미는 영화 감상이다.

3. What he told me (contradict / contradicts) what he told you yesterday.

> 정답   contradicts
>
> 해설   주어 What he told me가 명사절이므로 단수 동사인 contradicts를 써야 한다.
>
> 해석   그가 나에게 한 말은 그가 어제 너에게 한 말과 모순된다.
>
> 어휘   contradict 모순되다

2 주의해야 할 수 일치

1) 등위·상관 접속사의 수 일치

종류		의미	수 일치
등위 접속사	A and B	A와 B	복수 동사
	A or B	A 또는 B	B에 수 일치
상관 접속사	both A and B	A와 B 둘 다	복수 동사
	either A or B	A와 B 둘 중 하나	B에 수 일치
	neither A nor B	A도 B도 둘 다 아닌	
	not A but B	A가 아니라 B	
	not only A but also B = B as well as A	A뿐만 아니라 B도	

2) 부분사의 수 일치

all/most/any/half/a lot/lots/none/part/the rest/ the bulk/the majority/percent(%)/portion/분수	+ of + 명사	명사에 수 일치
all/half/more than	+ 명사	명사에 수 일치

3) 수량 표현의 수 일치

one/each/ every/the number of/ one of/neither of/ some, any, every, no + (thing/one/body)	+ 단수 동사	
several/few/both (+ of the)/ a number of/a couple of/ a range of/a variety of	+ 복수 명사	+ 복수 동사
many	+ 복수 명사	+ 복수 동사
many a	+ 단수 명사	+ 단수 동사

The number of tourists to Norway is declining every year. 노르웨이를 찾는 관광객의 수는 매년 감소하고 있다.

A number of tourists visit the Modern Art Museum every year. 많은 관광객들이 매년 현대 미술관을 방문한다.

4) 도치 구문의 수 일치

도치 구문에서 동사는 도치된 주어에 수 일치시켜야 한다.

There/Here 위치/장소/방향의 부사구 부정/제한 어구 형용사/분사 보어	+ 동사 + 주어

5) 주격 관계절의 수 일치

주격 관계절의 동사는 선행사에 수 일치시켜야 한다.

단수 선행사	+ 주격 관계대명사 who/which/that	+ 단수 동사
복수 선행사		+ 복수 동사

단일 개념의 'A and B'는 단수 취급한다.

bread and butter 버터 바른 빵
Romeo and Juliet 「로미오와 줄리엣」
trial and error 시행착오
slow and steady 천천히 그러나 꾸준한 것

Check Up

어법상 알맞은 것을 고르시오.

1. She and I (am / are) roommates.

    정답 are
    해석 그녀와 나는 룸메이트이다.

2. He or I (need / needs) help.

    정답 need
    해석 그 또는 내가 도움이 필요하다.

3. I or he (need / needs) help.

    정답 needs
    해석 나 또는 그가 도움이 필요하다.

4. Those desks as well as that chair (is / are) nice.

    정답 are
    해석 저 의자뿐만 아니라 저 책상들도 좋다.

5. Either you or I (am / are) the next presenter.

    정답 am
    해석 너나 나 둘 중 한 명이 다음 발표자이다.

6. Neither he nor we (has / have) money.

    정답 have
    해석 그도 우리도 돈이 없다.

7. Bread and butter (is / are) provided for breakfast.

    정답 is
    해설 bread and butter는 '버터 바른 빵'이라는 의미의 단일 개념이므로 단수 동사인 is를 써야 한다.
    해석 버터 바른 빵이 아침 식사로 제공된다.

8. A renowned researcher and author (give / gives) speeches.

정답 gives

해설 '유명한 연구자이자 저자'라는 의미로 주어가 한 명이므로 단수 동사인 gives를 써야 한다.

해석 유명한 연구자이자 저자가 연설한다.

9. A renowned researcher and an author (give / gives) speeches.

정답 give

해설 '유명한 연구자와 저자'라는 의미로 주어가 두 명이므로 복수 동사인 give를 써야 한다.

해석 유명한 연구자와 저자가 연설한다.

10. Most of the school's students (goes / go) home for the holidays.

정답 go

해설 'Most of ~'에서는 of 뒤 명사에 수 일치하므로 students라는 복수 명사에 맞게 복수 동사인 go를 써야 한다.

해석 그 학교의 학생들 대부분은 휴가 동안 집에 간다.

11. The rest of the packages (needs / need) to be delivered.

정답 need

해설 'The rest of ~'에서는 of 뒤 명사에 수 일치하므로 packages라는 복수 동사에 맞게 복수 동사인 need를 써야 한다.

해석 나머지 소포들은 배달되어야 한다.

12. Many people (read / reads) his novels.

정답 read

해설 'Many + 복수 명사 + 복수 동사'이므로 복수 동사인 read를 써야 한다.

해석 많은 사람들이 그의 소설을 읽는다.

13. Many a person (read / reads) his novels.

정답 reads

해설 'Many a + 단수 명사 + 단수 동사'이므로 단수 동사인 reads를 써야 한다.

해석 많은 사람들이 그의 소설을 읽는다.

14. There (is / are) many opportunities for you.

정답 are

해설 There가 문장의 앞에 위치하면 주어와 동사의 어순을 바꾸어 '동사 + 주어'의 어순으로 써야 한다. 문장의 주어 many opportunities 가 복수 명사이므로 복수 동사인 are를 써야 한다.

해석 당신에게는 많은 기회가 있습니다.

15. People who (is / are) willing to work late will be rewarded.

정답   are

해설   주격 관계대명사의 동사는 선행사에 수 일치해야 한다. 선행사 People이 복수 명사이므로 복수 동사인 are를 써야 한다.

해석   늦게까지 일할 의향이 있는 사람들은 보상받을 것이다.

정답·해석·해설 p.170

어법상 옳은 것에는 O, 틀린 것에는 X를 표시하고 틀린 부분을 바르게 고치시오.

01 지원자 수가 증가하고 있어서 우리는 기쁘다. [2024년 국가직 9급]
→ We are glad that the number of applicants is increasing.   [   ]

02 The number of car accidents is on the rise. [2022년 지방직 9급]   [   ]

03 Insects are often attracted by scents that aren't obvious to us. [2022년 지방직 9급]   [   ]

04 Toys children wanted all year long has recently discarded. [2022년 지방직 9급]   [   ]

05 Italian Alessandro Volta found that a combination of silver, copper, and zinc were ideal for producing an electrical current. [2022년 국가직 9급]   [   ]

06 Most of the suggestions made at the meeting was not very practical. [2020년 경찰직 1차]   [   ]

07 모든 정보는 거짓이었다. [2018년 지방직 9급]
→ All of the information was false.   [   ]

정답

01 O

02 O

03 O

04 X (has recently discarded → have recently been discarded)

05 X (were → was)

06 X (was → were)

07 O

08 Don't wash the broccoli before storing it since moisture on its surface encourage the growth of mold. [2018년 경찰직 3차] [   ]

09 과정을 관리하면서 발전시키는 것이 나의 목표였다. [2017년 국가직 9급]
→ To control the process and make improvement was my objective. [   ]

10 He acknowledged that the number of Koreans were forced into labor under harsh conditions in some of the locations during the 1940s. [2016년 서울시 9급] [   ]

11 Nestled in the atmosphere is clouds of liquid water and ice crystals. [2015년 기상직 9급] [   ]

12 Almost 99 percent of the atmosphere lies within a mere 30km of Earth's surface. [2015년 기상직 9급] [   ]

13 Every furniture need to pull its weight. [2015년 경찰직] [   ]

14 Many a careless walker was killed in the street. [2014년 지방직 9급] [   ]

15 A tenth of the automobiles in this district alone were stolen last year. [2014년 지방직 9급] [   ]

16 많은 의사들이 의학에서의 모든 최신의 발전에 뒤떨어지지 않기 위해서 열심히 공부한다.

→ The number of doctors study hard in order that they can keep abreast of all the latest developments in medicine. [2013년 지방직 9급]   [   ]

17 Many a student try to pass the exam. [2011년 국회직 9급]   [   ]

18 A number of people was late for work because there was a traffic accident. [2010년 국회직 8급]

[   ]

19 Trial and error are the source of our knowledge. [2008년 경찰직]   [   ]

20 There seem to have been a mistake; my name isn't on the list. [2008년 경찰직]   [   ]

정답   정답·해석·해설 p.170

16 X (The number of → A number of)   **19** X (are → is)

17 X (try → tries)   **20** X (seem → seems)

18 X (was late → were late)

MEMO

Unit 05 조동사

조동사는 동사 앞에서 동사를 돕는 역할을 하며, 시제나 태, 부정을 표현하는 것과 동사에 보조적인 의미를 더하는 것으로 나뉜다. 조동사 뒤에는 동사원형을 사용하여 He can swim.(그는 수영을 할 수 있다), She will buy a book.(그녀는 책을 살 것이다)처럼 쓰인다.

1 주요 조동사의 의미

can	can	~할 수 있다
	could	~할 수 있었다, ~할지도 모른다
	cannot	~할 수 없다
	could not	~할 수 없었다, ~할 리 없다
	could have p.p.	(과거에) ~했을지도 모른다, (과거에) ~할 수도 있었다 (그러나 하지 않았다)
	couldn't have p.p.	(과거에) ~했을 리 없다
	can't have p.p.	(과거에) ~했을 리 없다
be able to	am/is/are able to	~할 수 있다
	was/were able to	~할 수 있었다
	am/is/are not able to	~할 수 없다
	was/were not able to	~할 수 없었다
must	must	~해야 한다, 분명히 ~할 것이다
	must not	~해서는 안 된다, 분명히 ~하지 않을 것이다
	must have p.p.	(과거에) 분명히 ~했을 것이다
	must not have p.p.	(과거에) 분명히 ~하지 않았을 것이다
have to	have/has to	~해야 한다
	had to	~해야 했다
	don't/doesn't have to	~할 필요가 없다
	didn't have to	~할 필요가 없었다
should	should	~하는 것이 좋겠다
	should not	~하지 않는 것이 좋겠다
	should have p.p.	(과거에) ~했어야 했다 (그러나 하지 않았다)
	should not have p.p.	(과거에) ~하지 말았어야 했다 (그러나 했다)

	might	~할지도 모른다
might	might not	~하지 않을지도 모른다
	might have p.p.	(과거에) ~했을지도 모른다
	might not have p.p.	(과거에) ~하지 않았을지도 모른다

2 조동사 should 생략

1) 주장 / 요구 / 제안 / 명령의 동사

	주절		종속절
주어 +	주장	insist	+ that + 주어 + (should) 동사원형
	요구	ask / demand / require / request	**비비안 쌤's Point**
	제안	suggest / propose / recommend / advise	수 표현과 시제 표현을 하지 않음을 주의하세요!
	명령	order / urge	

They <u>insisted</u> that she <u>come</u> back as soon as possible. 그들은 그녀가 가능한 한 빨리 돌아와야 한다고 주장했다.

2) 판단의 형용사

가주어 It + 판단의 형용사		진주어 that절
It + be동사 +	important / of importance / essential / crucial / necessary / appropriate / desirable / natural / no wonder / good / fortunate / right / wrong / strange	+ that + 주어 + (should) 동사원형 **비비안 쌤's Point** 수 표현과 시제 표현을 하지 않음을 주의하세요!

It is <u>important</u> that he <u>study</u> hard. 그가 열심히 공부하는 것은 중요하다.

③ need와 dare

일반동사로 쓰일 때	do does + not + need/dare + to 부정사 did
조동사로 쓰일 때	need dare + not + 동사원형 dared

You <u>don't need to</u> attend the conference. 당신은 회의에 참석할 필요가 없습니다.

You <u>need not attend</u> the conference. 당신은 회의에 참석할 필요가 없습니다.

④ used to 관련 표현

used to + 동사원형	~하곤 했다 (과거의 습관 또는 사실)
be used to + 동사원형	~하기 위해 사용되다
be used to + 명사/-ing	~하는 데 익숙하다

Check Up

어법상 옳은 것에는 O, 틀린 것에는 X를 표시하고 틀린 부분을 바르게 고치시오.

1. He used to eat alone. (O / X)

정답 O

해설 '~하곤 했다'라는 의미의 과거 습관 또는 사실은 'used to + 동사원형'을 써야 하므로 used to eat이 올바르게 쓰였다.

해석 그는 혼자 밥을 먹곤 했다.

2. He is used to eat alone. (O / X)

정답 X (used to eat → used to eating 또는 is used to eat → used to eat)

해설 'be used to + 동사원형'은 '~하기 위해 사용되다'라는 의미인데, '그는 혼자 밥을 먹기 위해 사용되었다'라는 의미는 옳지 않으므로 used to eat을 '~하는 데 익숙하다'라는 의미의 used to eating으로 고치거나, is used to eat을 '~하곤 했다'라는 의미의 used to eat으로 고쳐야 한다.

해석 X (틀린 문장)

3. He is used to eating alone. (O / X)

정답 O

해설 '~하는 데 익숙하다'라는 의미는 'be used to + -ing'를 써야 하므로 is used to eating이 올바르게 쓰였다.

해석 그는 혼자 밥을 먹는 데 익숙하다.

5 조동사 관용 표현

had better ~하는 게 좋겠다

would like to + 동사원형 ~하고 싶다

may well ~하는 게 당연하다

cannot (help) but + 동사원형 ~할 수밖에 없다

= cannot help + -ing

= have no choice/alternative but + to 동사원형

would rather 차라리 ~하는 게 낫다

may[might] as well ~하는 편이 더 낫겠다

cannot ~ too 아무리 ~해도 지나치지 않다

정답·해석·해설 p.171

어법상 옳은 것에는 O, 틀린 것에는 X를 표시하고 틀린 부분을 바르게 고치시오.

01 I should have gone this morning, but I was feeling a bit ill. [2023년 지방직 9급]   [   ]

02 These days we do not save as much money as we used to. [2023년 지방직 9급]   [   ]

03 The broker recommended that she buy the stocks immediately. [2023년 국가직 9급]   [   ]

04 너는 비가 올 경우에 대비하여 우산을 갖고 가는 게 낫겠다. [2023년 국가직 9급]
→ You had better take an umbrella in case it rains.   [   ]

05 그녀는 사임하는 것 외에는 대안이 없었다. [2022년 지방직 9급]
→ She had no alternative but to resign.   [   ]

06 아이들은 길을 건널 때 아무리 조심해도 지나치지 않다. [2022년 국가직 9급]
→ Children cannot be too careful when crossing the street.   [   ]

정답

01 O   04 O
02 O   05 O
03 O   06 O

07 When I met her for the first time, I couldn't help but fall in love with her.
[2020년 경찰직 1차] [　　]

08 They used to loving books much more when they were younger. [2020년 지방직 9급] [　　]

09 그 위원회는 그 건물의 건설을 중단하라고 명했다. [2020년 국가직 9급]
→ The committee commanded that construction of the building cease. [　　]

10 The judge ordered that the prisoner was remanded. [2018년 경찰직] [　　]

11 Citizens demanded that the police box was not closed. [2018년 경찰직] [　　]

12 When she felt sorrowful, she used to turning toward the window. [2017년 지방직 7급] [　　]

13 나는 소년 시절에 독서하는 버릇을 길러 놓았어야만 했다. [2017년 국가직 9급]
→ I ought to have formed a habit of reading in my boyhood. [　　]

14 A utopian society might demand that the press print nothing until it had reached absolute certainty. [2017년 법원직 9급] [　　]

정답

07 O
08 X (loving → love)
09 O
10 X (was → (should) be)

11 X (was not closed → (should) not be closed)
12 X (turning → turn)
13 O
14 O

15 Computers in the 60's used to being so huge that they took up a lot of space.
[2013년 지방직 7급]   [   ]

16 A pollutant need not be harmful in itself. [2013년 지방직 9급]   [   ]

17 Because Oriental ideas of woman's subordination to man prevailed in those days, she dared
not meet with men on an equal basis. [2013년 경찰직 1차]   [   ]

18 Since we have to be there in a hurry, we had better to take a taxi. [2012년 기상직 9급]   [   ]

19 She requested that he stays longer for dinner. [2011년 서울시 9급]   [   ]

20 The teacher demands that everyone will be in the classroom at nine. [2011년 경찰직 1차]   [   ]

21 Living in the buildings on this construction site, over 1,000 workers are used to sleep in one
basement. [2011년 경찰직 2차]   [   ]

22 She is used to live alone. [2009년 국가직 9급]   [   ]

23 I recommended that he finishes producing his report quickly. [2006년 국가직 9급]   [   ]

정답·해석·해설 p.171

정답	
15 X (being → be)	**20** X (will be → be)
16 O	**21** X (are used to sleep → used to sleep)
17 O	**22** X (live → living 또는 is used to live → used to live)
18 X (to take → take)	**23** X (finishes → finish)
19 X (stays → stay)	

MEMO

가정법이란 소망/유감/불확실성 등을 나타내기 위해 어떤 일을 가정해서 진술하는 것으로, 아래의 공식을 외우면 문제 풀이가 쉬워진다. 가정법에서 쓰이는 조동사는 우습구만(would/should/could/might)으로 외워 보자.

1 기본 가정법

1) 가정법 과거: 현재 사실에 반대를 가정

> If + 주어 + 과거 동사(be동사는 were), 주어 + wscm + 동사원형 만약 ~하다면 ~할 텐데

If she <u>were</u> rich, she <u>would buy</u> a car. 만약 그녀가 부자라면, 그녀는 차를 살 텐데.

2) 가정법 과거완료: 과거 사실에 반대를 가정

> If + 주어 + had p.p., 주어 + wscm + have p.p. 만약 ~했었더라면, ~했을 텐데

If she <u>had had</u> money, she <u>would have bought</u> a car. 만약 그녀가 돈이 있었다면, 그녀는 차를 샀을 텐데.

3) 혼합 가정법: 과거 상황을 반대로 가정했을 때 현재까지 영향을 미치는 상황을 가정

> If + 주어 + had p.p., 주어 + wscm + 동사원형 + [1] _____ (과거에) ~했었더라면, (현재) ~할 텐데

If I <u>had studied</u> hard last year, I <u>could pass</u> the exam now.
내가 작년에 열심히 공부했더라면, 지금 시험에 합격할 수 있을 텐데.

4) 가정법 미래: 가능성이 희박한 미래를 가정

> **비비안 쌤's Point**
> If절에 should를 쓴다면,
> 주절에 조동사의 원형(will/can) / 명령문 / 'please + 동사원형'이 올 수 있어요.

> If + 주어 + should/were to + 동사원형, 주어 + wscm + 동사원형 (혹시라도) 만약 ~하다면 ~할 것이다

If it <u>should rain</u> tomorrow, I <u>will stay</u> at home. 만약 내일 비가 온다면, 나는 집에 있을 것이다.

---

1) now / today / still

5) 가정법 도치

가정법에서 if를 생략한 후 '동사 + 주어'의 어순으로 도치할 수 있다.

가정법 과거의 도치 Were + 주어 ~,	<u>Were the car</u> not expensive, I would buy it. 만약 그 차가 비싸지 않다면, 나는 그것을 살 것이다.
가정법 과거완료의 도치 Had + 주어 + p.p. ~,	<u>Had he met</u> you, he would have told you the news. 만약 그가 너를 만났다면, 그는 너에게 그 소식을 전했을 것이다.
가정법 미래의 도치 Should + 주어 + 동사원형 ~,	<u>Should it be</u> sunny tomorrow, we would go swimming to the beach. 만약 날씨가 맑다면, 우리는 해변으로 수영하러 갈 것이다.

2 기타 가정법

1) I wish 가정법

과거(현재 사실 반대)	I wish + 주어 + 과거 동사	~하면 좋을 텐데
과거완료(과거 사실 반대)	I wish + 주어 + had p.p.	~했다면 좋을 텐데

<u>I wish</u> I were in Paris. 내가 파리에 있으면 좋을 텐데.

<u>I wish</u> I had been in Paris. 내가 파리에 있었으면 좋았을 텐데.

2) It's (high/about) time + 가정법 과거

과거(현재 사실 반대)	It's (high/about) time + 주어 + 과거 동사	~할 때이다

<u>It's high time</u> you studied hard. 네가 열심히 공부해야 할 때이다.

<u>It's high time</u> you should go to bed. 네가 자러 가야 할 때이다.

3) as if/as though 가정법

> **비비안 쌤's Point**
>
> as if/as though 뒤에 가정이 아닌 사실을 언급할 때는 직설법을 사용해요.
> You look as if you are happy. 당신은 행복해 보인다.
> : 반대의 가정이 아니라 현재 행복한 것처럼 보인다는 직설법을 표현하는 거예요!

과거(현재 사실 반대)	주어 + 동사 + as if/as though + 주어 + 과거 동사	마치 ~인 것처럼
과거완료(과거 사실 반대)	주어 + 동사 + as if/as though + 주어 + had p.p.	마치 ~이었던 것처럼

He speaks <u>as if/as though</u> he were rich. 그는 마치 부자처럼 말한다.

He speaks <u>as if/as though</u> he had been rich. 그는 마치 부자라도 되었던 것처럼 말한다.

4) '~이 없다면' 가정법

If it were not for ~ = Were it not for ~ = But for ~ = Without ~ = If not for ~	~이 없다면(가정법 과거)
If it had not been for ~ = Had it not been for ~ = But for ~ = Without ~ = If not for ~	~이 없었다면(가정법 과거완료)

MEMO

정답·해석·해설 p.174

어법상 옳은 것에는 O, 틀린 것에는 X를 표시하고 틀린 부분을 바르게 고치시오.

01 좀 더 능숙하고 경험 많은 선생님이었다면 그를 달리 대했을 것이다. [2024년 지방직 9급]

→ A more skillful and experienced teacher would have treated him otherwise. [　　]

02 Had I realized what you were intending to do, I would have stopped you. [2022년 지방직 9급] [　　]

03 Rachel impressed her superiors so much that were there a position available, they would have promoted her immediately. [2018년 경찰직 2차] [　　]

04 내가 열쇠를 잃어버리지 않았더라면 모든 것이 괜찮았을 텐데. [2017년 지방직 9급]

→ Everything would have been OK if I haven't lost my keys. [　　]

05 If she had been at home yesterday, I would have visited her. [2017년 국가직 9급] [　　]

06 I wish I will use my imagination earlier. [2017년 기상직 9급] [　　]

07 Sarah would be offended if I didn't go to her party. [2015년 지방직 9급] [　　]

08 If Hitler hadn't invaded other European countries, World War II might not take place.

[2013년 서울시 9급] [　　]

09 If I had followed your advice, I would be very healthy now. [2012년 지방직 9급] [　　]

정답

01 O	**06** X (will use → had used)
02 O	**07** O
03 X (were there → had there been)	**08** X (take place → have taken place)
04 X (haven't lost → hadn't lost)	**09** O
05 O	

10 If you had followed my advice, you would be happier now. [2012년 사회복지직 9급] [   ]

11 그는 마치 자신이 미국 사람인 것처럼 유창하게 영어로 말한다. [2012년 지방직 9급]
→ He speaks English fluently as if he were an American. [   ]

12 만일 내일 비가 온다면, 나는 그냥 집에 있겠다. [2012년 지방직 9급]
→ If it rains tomorrow, I'll just stay at home. [   ]

13 뉴턴이 없었다면 중력 법칙은 발견되지 않았을 것이다. [2012년 지방직 9급]
→ If it was not for Newton, the law of gravitation would not be discovered. [   ]

14 Had they followed my order, they would not have been punished. [2011년 국가직 9급] [   ]

15 Margaret wouldn't believe Fred again if the sun were to rise in the west, because he told her too many lies. [2011년 경찰직 2차] [   ]

16 I wish I am as intelligent as he is. [2008년 국가직 7급] [   ]

17 Even if the sun were to rise in the west, I would not accept his proposal.
[2008년 국가직 7급] [   ]

18 It is high time that you went to bed. [2007년 국가직 7급] [   ]

UNIT
06

해커스공무원 비비안 올인원 영문법

정답

10 O	**14** O
11 O	**15** O
12 O	**16** X (am → were)
13 X (was not for → had not been for /	**17** O
be discovered → have been discovered)	**18** O

Unit 06 가정법 **67**

Unit 07 준동사

준동사란 다른 요소로 사용하고자 동사의 형태를 변화시켜 동사가 아닌 다른 품사로 사용하는 것이다. 동사의 형태가 변화한 것이므로 시제, 부사어, 목적어 또는 보어 등을 취하는 것처럼 동사적 성질을 가지고 있다. 단, 동사의 역할을 하는 것은 절대 아니다. 준동사의 종류에는 명사 / 형용사 / 부사 역할을 하는 to 부정사, 명사 역할을 하는 동명사, 그리고 형용사 역할을 하는 분사가 있다.

> **비비안 쌤's Point**
> 동사 자리에 들어가지 않는 것을 꼭 기억하세요!

> **비비안 쌤's Point**
> 알맞은 꼬리를 달고 다녀요!

① to 부정사

1 to 부정사의 개념

to 부정사는 'to + 동사원형'의 형태를 가지며, 문장에서 명사, 형용사, 부사 역할을 한다.

2 to 부정사의 역할

> **비비안 쌤's Point**
> 단, 전치사의 목적어 자리에는 들어가지 않아요!

1) 명사 역할: 주어/목적어/보어 자리

① 주어

To learn a foreign language is hard. 외국어를 배우는 것은 어렵다.

② 목적어

I want to be happy. 나는 행복해지고 싶다.

③ 주격 보어

One method of losing weight is to eat less. 살을 빼는 한 가지 방법은 적게 먹는 것이다.

④ 목적격 보어

She advised me to exercise regularly. 그녀는 나에게 규칙적으로 운동하라고 조언했다.

> **비비안 쌤's Point**
> -ing는 꾸밀 수 없어요. 해석은 'to 부정사'할 명사로 해석하세요!

2) 형용사 역할: to 부정사 앞에 있는 명사를 수식

ability / attempt / chance / opportunity / decision / plan / right / time / way / wish / effort	+ to 부정사

He had a chance to give a presentation. 그는 발표할 기회가 있었다.

3) 부사 역할: 그 외 자리

① '~하기 위해' = in order to ~, so as to ~

I'll go to New York to visit my old friend. 나는 오랜 친구를 방문하기 위해 뉴욕에 갈 것이다.

② '~해서'

I'm happy to see you again. 다시 만나서 반가워요.

③ '~해서 결국 ~하게 되다'

He grew up to be the greatest composer. 그는 자라서 가장 위대한 작곡가가 되었다.

④ '~하기에'

This movie is hard to understand. 이 영화는 이해하기 어렵다.

3 to 부정사의 형태

기본형 (능동형)	to 부정사	
부정형	to 부정사 ¹⁾ _____ 에 not	They preferred <u>not to sell</u> their car at a low price. 그들은 차를 낮은 가격에 팔지 않는 것을 선호했다.
수동형	2) _____	This computer needs <u>to be fixed</u>. 이 컴퓨터는 고쳐야 한다.
진행형	3) _____	A new trend seems <u>to be emerging</u>. 새로운 트렌드가 나타나고 있는 것 같다.
완료 능동형	to have p.p.	I am very sorry <u>to have kept</u> you so long. 오래 기다리게 해서 죄송합니다.
완료 수동형	to have been p.p.	He canceled all the meetings <u>to have been prepared</u>. 그는 준비된 회의를 모두 취소했다.

> **비비안 쌤's Point**
> 동사의 태처럼 푸세요!

> **비비안 쌤's Point**
> 본동사의 시제보다 to 부정사가 의미하는 시제가 더 과거이므로, 해석을 통해 동사와 to 부정사의 선후 관계를 따져서 푸세요!

4 to 부정사의 의미상의 주어

1) to 부정사가 의미하는 동작의 행위 주체는 전치사 for와 of를 사용한다.

2) 사람의 성격이나 성질을 나타내는 형용사가 있을 경우에는 ⁴⁾ _____ 를 사용한다.

사람의 성격이나 성질을 나타내는 형용사	honest / foolish / thoughtful(less) / polite / considerate / kind / nice / sweet

It was <u>honest of him</u> to return the lost wallet. 그가 잃어버린 지갑을 돌려준 것은 정직했다.

---

1) 앞
2) to be p.p.
3) to be -ing
4) of

5 to 부정사의 표현

be able to ~할 수 있다
be pleased to ~해서 기쁘다
be likely to ~할 것 같다
be willing to 기꺼이 ~하다
be supposed to ~하기로 되어 있다
be inclined to ~하는 경향이 있다
too ~ to 너무 ~해서 -할 수 없다

be eager to 몹시 ~하고 싶다
be difficult to ~하기 어렵다
be ready to ~할 준비가 되다
be about to 막 ~하려 하다
be projected to ~하기로 되어 있다
enough to ~하기에 충분히 -하다
It takes (사람) 시간 to (사람이) ~하는 데 시간이 걸리다

only to vs. never to (의도하지 않은 결과/부정적 의미)

only to 결국 ~하게 되다	I gave him advice, <u>only to</u> offend him. 나는 그에게 조언했으나, 결국 그의 마음을 상하게 했다.
never to 결국 ~하지 못하다	He left her, <u>never to</u> return. 그는 그녀를 떠났고, 결국 돌아오지 못했다.

② 동명사

1 동명사의 개념

동명사는 '동사원형 + –ing'의 형태를 가지며, 동사에서 나왔지만 문장에서 동사 역할이 아닌 명사 역할을 한다.

2 동명사의 역할

명사 역할을 하며, 주어, 목적어, 보어 자리에 들어간다.

1) 주어

Learning a foreign language is difficult. 외국어를 배우는 것은 어렵다.

2) 목적어

I enjoy listening to music. 난 음악 듣는 것을 좋아한다.

3) 전치사의 목적어

He is thinking of buying a new car. 그는 새 차를 살까 생각 중이다.

4) 보어

Her hobby is baking cookies. 그녀의 취미는 쿠키를 굽는 것이다.

3 동명사의 형태

기본형 (능동형)	동사 + -ing	
부정형	동명사 1)_____에 not	She regretted <u>not joining</u> the club. 그녀는 그 클럽에 가입하지 않은 것을 후회했다.
수동형	2)_____ **비비안 쌤's Point** 동사의 태처럼 푸세요!	He is looking forward to <u>being given</u> a promotion. 그는 승진하기를 고대하고 있다.
완료 능동형	having p.p.	Jenny apologized for <u>having canceled</u> the picnic. Jenny는 소풍을 취소한 것에 대해 사과했다.
완료 수동형	3)_____	

비비안 쌤's Point
완료형의 경우 해석을 통해 동사와 동명사의 선후 관계를 따져서 푸세요!

4 동명사의 의미상 주어

동명사의 의미상의 주어는 소유격이다. (뒤에 명사가 있을 경우 목적격도 가능하다.)

I am tired of <u>his[him]</u> making excuses. 나는 그가 변명하는 데 진절머리가 난다.

Everyone in the company celebrated <u>Jessica's</u> winning the contest.
회사의 모든 사람들이 Jessica가 대회에서 우승한 것을 축하했다.

---

1) 앞
2) being p.p.
3) having been p.p.

준동사

왜가수공무원 비비안의 영문법

5 동명사의 표현

1) 빈출 동명사 사용 표현

be busy -ing	~하느라 바쁘다
cannot help -ing = cannot (help) but + 동사원형 = have no choice/alternative but + to 부정사	~하지 않을 수 없다
spend/waste + 시간/돈 + (in) -ing	~하는 데 시간/돈을 쓰다
make a point of -ing = make it a rule to 부정사 = be in the habit of -ing	~하는 것을 규칙으로 삼다
There is no -ing	~하는 것은 불가능하다
have { difficulty / a hard time / trouble } + -ing	~하느라 힘들다, 어려움을 겪다
It is no use(good) -ing	~해봐야 소용없다
be on the { point / verge / edge / brink / threshold } + of + -ing = be about to 부정사	막 ~하려던 참이다
It goes without saying that 주어 + 동사	~은 말할 필요도 없다
never A without B (-ing) = never A but B (주어 + 동사)	A하면 반드시 B한다
be worth/worthy of -ing	~할 만한 가치가 있다
keep (on) -ing	~을 계속하다
feel like -ing	~하고 싶다
go -ing	~하러 가다
end up -ing	결국 ~하게 되다

I make a point of stretching before breakfast every morning.
나는 매일 아침 식사 전에 스트레칭하는 것을 규칙으로 삼는다.

She was on the point of leaving. 그녀는 막 떠나려던 참이었다.
= She was about to leave.

2) 전치사 to + 동명사

look forward to -ing	~을 고대하다, 기대하다
be/get used/accustomed to -ing	~에 익숙해지다(하다)
object to (be opposed to) -ing	~에 반대하다
contribute to -ing devote oneself to -ing	~에 기여하다 ~에 헌신하다
be addicted to -ing be exposed to -ing	~에 중독되다 ~에 노출되다
when it comes to -ing	~에 관해서는

They are <u>looking forward to hiking</u> this weekend. 그들은 이번 주말에 있을 하이킹을 고대하고 있다.

3) 전치사 + -ing

On/Upon -ing	~하자마자
In -ing	~할 때
Far from -ing	결코 ~이 아니라

<u>On seeing</u> it, he began to think of her. 그것을 보자마자 그는 그녀를 생각하기 시작했다.

= As soon as he saw it, he began to think of her.

<u>In learning</u> a foreign language, you need to study everyday.

= When you learn a foreign language, you need to study everyday.
외국어를 배우는 데 있어서, 당신은 매일 공부할 필요가 있다.

'need/require/want/deserve + -ing'는 수동의 의미(to be p.p.)를 갖는다.

This machine <u>needs fixing</u>. 이 기계는 고쳐야 한다.
= This machine <u>needs to be fixed</u>.

정답·해석·해설 p.175

어법상 옳은 것에는 O, 틀린 것에는 X를 표시하고 틀린 부분을 바르게 고치시오.

01 You must plan not to spend too much on the project. [2024년 지방직 9급]　　　　　[　　]

02 그는 대학에서 의학을 공부했으나 결국 회계 회사에서 일하게 되었다. [2022년 지방직 9급]
→ He studied medicine at university but ended up working for an accounting firm.　[　　]

03 She is someone who is always ready to lend a helping hand. [2022년 지방직 9급]　　　[　　]

04 우리가 영어를 단시간에 배우는 것은 결코 쉬운 일이 아니다. [2022년 국가직 9급]
→ It is by no means easy for us to learn English in a short time.　　　　　　　[　　]

05 Upon arrived, he took full advantage of the new environment. [2021년 지방직 9급]　　[　　]

06 학생들을 설득하려고 해 봐야 소용없다. [2021년 지방직 9급]
→ It is no use trying to persuade the students.　　　　　　　　　　　　　[　　]

정답

01 O	**04** O
02 O	**05** X (arrived → arriving 또는 arrival)
03 O	**06** O

07   그의 스마트 도시 계획은 고려할 만했다. [2021년 국가직 9급]

     → His plan for the smart city was worth considered.   [   ]

08   I look forward to receive your reply as soon as possible. [2021년 국가직 9급]   [   ]

09   그녀의 감정을 상하게 하지 않으려고, 그는 독감으로 매우 아팠다고 말했다. [2019년 지방직 7급]

     → He said he was very sick with a flu, so as not hurting her feelings.   [   ]

10   Despite his name, Freddie Frankenstein has a good chance of electing to the local school board. [2019년 서울시 사회복지직 9급]   [   ]

11   You can spend an afternoon or an entire day driving on a racetrack in a genuine race car.
[2019년 서울시 7급]   [   ]

12   나는 버펄로에 가본 적이 없어서 그곳에 가기를 고대하고 있다. [2018년 지방직 9급]

     → I have never been to Buffalo, so I am looking forward to go there.   [   ]

13   The father calculated that the daughter spent hours a day texting. [2015년 교육행정직 9급]   [   ]

정답

07 X (considered → considering)   **11** O

08 X (receive → receiving)   **12** X (go → going)

09 X (hurting → to hurt)   **13** O

10 X (electing → being elected)

14 Last night, she nearly escaped from running over by a car. [2015년 국가직 9급] [   ]

15 나를 속이려고 아무리 노력해도 소용없다. [2015년 경찰직 3차]
→ It is no use trying to deceive me. [   ]

16 I make it a rule to enjoy playing badminton. [2014년 경찰직 2차] [   ]

17 This book is worth to read carefully. [2013년 국가직 9급] [   ]

18 그 회사의 마케팅 전략은 대금을 신용카드로 지불하는 것에 익숙한 소비자들을 겨냥하고 있다.
→ The company's marketing strategy appeals to the consumers who are accustomed to pay
bills by credit cards. [2012년 지방직 9급] [   ]

19 It is foolish for you to do such a thing. [2008년 지방직 9급] [   ]

20 My husband has been busy to work out his project. [2008년 국가직 7급] [   ]

21 A: What happens to your shoes? [2008년 지방직 7급]
B: They want mending. [   ]

정답

14 X (running over → being run over)
15 O
16 O
17 X (to read → reading)

18 X (to pay → paying)
19 X (for → of)
20 X (to work → working)
21 O

22 They were on the verge to leave the summer resort. [2005년 국가직 9급]　　　　　　　[　　]

23 사람들은 그가 자살한 것으로 믿고 있다. [1999년 국가직 9급]

→ The man is believed to have killed himself.　　　　　　　　[　　]

정답·해석·해설 p.175

정답

22　X (to leave → of leaving)　　　　　　　**23**　O

1 분사의 개념

비비안 쌤's Point
가장 중요한 것은 현재분사와 과거분사 둘 중 하나를 고르는 거예요!

분사는 동사를 활용하여 '형용사' 역할을 하며, '동사원형 + -ing' 형태의 현재분사, '동사원형 + -ed' 형태의 과거분사로 구분된다.

2 분사의 역할

1) 명사 앞에서 수식

① 현재분사 + 명사: 능동 관계 (~하는 명사, ~하고 있는 명사)

I saw a dancing girl. 나는 춤추는 소녀를 보았다.

② 과거분사 + 명사: 수동 관계 (~해진 명사, ~되는 명사)

The invented vaccine was effective. 발명된 백신은 효과적이었다.

2) 명사 뒤에서 수식: 문장의 형식에 따른 분사 사용 공식

1, 2형식	뒤에서 수식할 때 현재분사로만 사용된다.
3형식	명사 + 3형식 동사의 [1)]_____ + 목적어 O
	명사 + 3형식 동사의 [2)]_____ + 목적어 X
4형식	명사 + 4형식 동사의 [3)]_____ + 간접 목적어와 직접 목적어 둘 다 O
	명사 + 4형식 동사의 [4)]_____ + 간접 목적어와 직접 목적어 둘 중 하나
5형식	명사 + 5형식 동사의 [5)]_____ + 목적어와 목적격 보어 둘 다 O
	명사 + 5형식 동사의 [6)]_____ + 목적어와 목적격 보어 둘 중 목적격 보어만

---

1) 현재분사
2) 과거분사
3) 현재분사
4) 과거분사
5) 현재분사
6) 과거분사

어법상 알맞은 것을 고르시오.

1. People (attending / attended) the conference will get a meal ticket.

정답 attending

해석 회의에 참석한 사람들은 식권을 받을 것이다.

2. There were a lot of people (waiting / waited) for the live performances.

정답 waiting

해석 라이브 공연을 기다리는 사람들이 많았다.

3. There is a list of patients (scheduling / scheduled) for a doctor's appointment.

정답 scheduled

해석 진료를 예약한 환자 명단이 있다.

4. The books (writing / written) in Spanish were difficult to read.

정답 written

해석 스페인어로 쓰인 책들은 읽기 어려웠다.

5. I got an email (informing / informed) me that he would be absent.

정답 informing

해석 나는 그가 결석할 것이라는 이메일을 받았다.

6. The virus (transmitting / transmitted) through the air was fatal.

정답 transmitted

해석 공기를 통해 전염된 바이러스는 치명적이었다.

7. The girl (looking / looked) at the door was my student.

정답 looking

해석 문을 보고 있는 그 소녀는 내 학생이었다.

8. The boys (inviting / invited) to the party were kind.

정답 invited

해석 파티에 초대된 소년들은 친절했다.

9. The students (attending / attended) the class look happy.

정답 attending

해석 수업을 듣는 학생들은 행복해 보인다.

10. The sample (attaching / attached) to the letter was good.

정답 attached

해석 편지에 첨부된 샘플은 훌륭했다.

3 분사의 종류

1) 현재분사

① 형태: 동사원형 + -ing

② 의미: 자동사 – 진행의 의미

　　　타동사 – 능동의 의미

2) 과거분사

① 형태: 동사원형 + -ed

② 의미: 자동사 – 완료의 의미

　　　타동사 – 수동의 의미

4 감정 유발 분사: 3형식 감정 유발 동사를 분사로 만들어서 형용사처럼 쓰는 것

1) 감정 유발 동사의 종류

interest ~에게 흥미를 일으키다	excite ~를 흥분시키다	amuse ~를 즐겁게 하다
please ~를 기쁘게 하다	satisfy ~를 만족시키다	disappoint ~를 실망시키다
depress ~를 낙담시키다	frustrate ~를 좌절시키다	shock ~에게 충격을 주다
surprise ~를 놀라게 하다	exhaust ~를 기진맥진하게 하다	bore ~를 지루하게 하다
tire ~를 피곤하게 하다	embarrass/bewilder ~를 당황스럽게 만들다	
amaze ~를 놀라게 하다	touch ~를 감동시키다	

비비안 쌤's Point
감정 유발 분사와 관련된 문제를 푸는 공식이 존재해요!

2) 현재분사 vs. 과거분사

① 분사가 명사를 수식하는 경우

수식받는 명사가 무생물이면	현재분사
수식받는 명사가 생물이면	과거분사

② 분사가 주격 보어일 경우

주어가 무생물이면	현재분사
주어가 생물이면	과거분사

③ 분사가 목적격 보어일 경우

목적어가 무생물이면	현재분사
목적어가 생물이면	과거분사

Check Up

어법상 알맞은 것을 고르시오.

1. A research team discovered a (surprising / surprised) result.

정답 surprising
해석 한 연구팀이 놀라운 결과를 발견했다.

2. That game looks (exciting / excited).

정답 exciting
해석 그 경기는 신나 보인다.

3. Professor Kim gave a (boring / bored) lecture on Politics.

정답 boring
해석 김 교수는 정치에 관한 지루한 강의를 했다.

5 분사구문: 부사절을 축약한 형태

1) 분사구문: 부사절 접속사 + 주어 + 동사 ~, 주어 + 동사 ~.

2) 분사구문 만드는 방법

① 부사절 접속사는 생략할 수 있다.

② 부사절의 주어와 주절의 주어가 같으면, 부사절 주어를 생략한다.

부사절의 주어와 주절의 주어가 다르면, 생략하지 않는다.

③ 부사절의 동사를 '동사원형 + ing' 형태로 바꾼다.

3) 분사구문의 형태

부사절의 동사가 수동형이면	(Being / Having been) p.p. ~
부사절의 시제가 주절의 시제보다 과거이면	Having p.p. ~
부정문이라면	not / never + 분사 ~

Check Up

1. 제시된 문장을 분사구문으로 만드시오.

1) While she was on a flight to Germany, she listened to music.

→ _____

2) Because it was hot, they turned on the air conditioner.

→ _____

3) Although he was surrounded by reporters, he remained silent.

→ _____

4) As he had another schedule, he refused to attend the party.

→ _____

정답 1) On a flight to Germany, she listened to music.
2) It being hot, they turned on the air conditioner.
3) Surrounded by reporters, he remained silent.
4) Having another schedule, he refused to attend the party.

해석 1) 그녀는 독일로 가는 비행기를 타는 동안, 음악을 들었다.
2) 날씨가 더웠기 때문에, 그들은 에어컨을 켰다.
3) 그는 기자들에게 둘러싸여 있었지만, 침묵을 지켰다.
4) 그는 다른 일정이 있었기 때문에, 파티에 참석하기를 거부했다.

2. 어법상 알맞은 것을 고르시오.

1) (Living / Lived) next door, I have never met him.

2) (Injuring / Injured) his legs, the player could no longer play.

3) (Reading / Read) a history book, he kept losing his concentration.

4) (Finding / Found) the issue serious, they held another meeting.

5) (Measuring / Measured) her by my standard, she is talented.

6) (Drawing / Drawn) by a famous artist, the drawing was sold at a very high price.

정답 1) Living
2) Injuring
3) Reading
4) Finding
5) Measuring
6) Drawn

해석 1) 옆집에 살았지만, 나는 한 번도 그를 만난 적이 없다.
2) 다리를 다쳐서, 그 선수는 더 이상 경기를 할 수 없었다.
3) 역사책을 읽으면서, 그는 계속해서 집중력을 잃었다.
4) 문제가 심각하다고 판단했기 때문에, 그들은 또 다른 회의를 열었다.
5) 내 기준으로 판단하면, 그녀는 재능이 있다.
6) 유명한 화가가 그렸기 때문에, 그 그림은 매우 높은 가격에 팔렸다.

6 with 분사구문 : '~한 채', '~하면서', '~ 때문에'

with + 명사 +	현재분사 (명사와 분사가 능동 관계) 과거분사 (명사와 분사가 수동 관계)

Nicole answered the questions <u>with her legs crossed</u>. Nicole은 다리를 꼰 채로 질문에 대답했다.

Passengers should stay in their seats <u>with their seatbelts fastened</u>. 승객은 안전벨트를 맨 채로 자리에 있어야 한다.

7 무인칭 독립 분사구문

분사구문의 의미상의 주어가 We / You / They 등과 같이 일반인 주어인 경우, 주어를 생략하는 것이 일반적이며 주로 관용 표현처럼 사용한다.

providing / provided (that) ~ 만일 ~이라면 (~이라고 가정하면)	granting / granted ~ ~이라고 할지라도
supposing / suppose ~ 만일 ~이라면 (~이라고 가정하면)	admitting ~ ~이라고 할지라도
assuming / given ~ 만일 ~이라면 (~이라고 가정하면)	allowing ~ ~이라고 할지라도
granting (that) ~ ~을 인정한다 해도	excepting ~ ~을 제외하고
considering (that) ~ ~을 고려하면	generally speaking 일반적으로 말하면
seeing (that) ~ ~을 보면(~이기 때문에)	strictly speaking 엄격히 말해서
concerning ~ regarding~ ~에 관해	frankly speaking 솔직히 말하자면
judging from ~ ~으로 판단컨대	according to ~에 따르면
depending on ~에 따라서	

정답·해석·해설 p.177

어법상 옳은 것에는 O, 틀린 것에는 X를 표시하고 틀린 부분을 바르게 고치시오.

01 Once confirmed, the order will be sent for delivery to your address. [2024년 국가직 9급] [   ]

02 Provided that the ferry leaves on time, we should arrive at the harbor by morning. [2024년 국가직 9급]

[   ]

03 그들은 뜨거운 차를 마시는 동안에 일몰을 보았다. [2023년 지방직 9급]
→ They watched the sunset while drinking hot tea. [   ]

04 우리는 그의 연설에 감동하게 되었다. [2023년 지방직 9급]
→ We were made touching with his speech. [   ]

05 My hat was blown off by the wind while walking down a narrow street. [2022년 국가직 9급] [   ]

06 커피 세 잔을 마셨기 때문에, 그녀는 잠을 이룰 수 없다. [2022년 국가직 9급]
→ Having drunk three cups of coffee, she can't fall asleep. [   ]

07 친절한 사람이어서, 그녀는 모든 이에게 사랑받는다. [2022년 국가직 9급]
→ Being a kind person, she is loved by everyone. [   ]

정답

01 O	**05** X (while walking → while I walked)
02 O	**06** O
03 O	**07** O
04 X (touching → touched)	

08 모든 점이 고려된다면, 그녀가 그 직위에 가장 적임인 사람이다. [2022년 국가직 9급]

→ All things considered, she is the best-qualified person for the position. [   ]

09 다리를 꼰 채로 오랫동안 앉아 있는 것은 혈압을 상승시킬 수 있다. [2022년 국가직 9급]

→ Sitting with the legs crossing for a long period can raise blood pressure. [   ]

10 The enhanced design, called a Voltaic pile, was made by stacking some discs.

[2022년 국가직 9급] [   ]

11 The novel was so excited that I lost track of time and missed the bus. [2021년 국가직 9급] [   ]

12 Written in plain English, the book has been read by many people. [2020년 경찰직 1차] [   ]

13 The Christmas party was really excited and I totally lost track of time. [2020년 지방직 9급] [   ]

14 나는 창문 옆에 앉아 있는 그 소녀를 안다. [2019년 경찰직 2차]

→ I know the girl sat by the window. [   ]

15 Born in Genoa, Italy, Piccolo Paganini was one of the greatest composers of the 19th century.

[2018년 서울시 7급] [   ]

정답

08 O

09 X (crossing → crossed)

10 O

11 X (excited → exciting)

12 O

13 X (excited → exciting)

14 X (sat → sitting)

15 O

16 The chameleon's camouflage is very effective. As a result, seeing from a distance, it is indistinguishable from its environment. [2018년 경찰직 2차]　　[　　]

17 He was disappointing with the result of the test. [2018년 경찰직 1차]　　[　　]

18 바깥 날씨가 추웠기 때문에 나는 차를 마시려고 물을 끓였다. [2018년 지방직 9급]
→ Being cold outside, I boiled some water to have tea.　　[　　]

19 This is a picture of a couple walking together. [2017년 국회직 9급]　　[　　]

20 그 영화가 너무 지루해서 나는 삼십 분 후에 잠이 들었어. [2017년 지방직 9급]
→ The movie was so bored that I fell asleep after half an hour.　　[　　]

21 Not having met him before, I don't know him. [2017년 국회직 9급]　　[　　]

22 Returning to my apartment, I found my watch missing. [2017년 국회직 9급]　　[　　]

23 Comparing with his sister, she is not so pretty. [2017년 국회직 9급]　　[　　]

정답

16 X (seeing → seen)

17 X (disappointing → disappointed)

18 X (Being → It being)

19 O

20 X (bored → boring)

21 O

22 O

23 X (Comparing → Compared)

24 Strange as it may seem, the Sahara was once an expanse of grassland supported the kind of animal life associated with the African plains. [2017년 서울시 9급]　　[　　]

25 The old man could not see his son until allowed to do so. [2017년 국회직 9급]　　[　　]

26 My wife and I once drove past a young man rode no hands on a bicycle.
[2015년 교육행정직 9급]　　[　　]

27 The sun having set, we gave up looking for them. [2008년 지방직 7급]　　[　　]

28 Given the existing situation, we have no choice but to invade the island. [2006년 경기 9급]　　[　　]

정답·해석·해설 p.177

정답

24 X (supported → supporting)	**27** O
25 O	**28** O
26 X (rode → riding)	

품사는 단어를 문법적인 기능이나 형태, 뜻에 따라 나눈 것을 말한다. 영어의 여덟 가지 품사에는 명사, 대명사, 동사, 형용사, 부사, 전치사, 접속사, 감탄사가 있으며 각 품사의 역할을 아는 것이 중요하다.

① 명사

1 명사의 개념

명사란 사람, 사물, 장소나 눈에 보이지 않는 것 등의 이름을 가리키는 품사로, 문장에서 주어, 동사의 목적어, 전치사의 목적어, 보어 역할을 할 수 있다. 문법적으로 크게 셀 수 있는 가산 명사와 셀 수 없는 불가산 명사로 구분된다.

2 절대 불가산 명사

1) 불가산 명사 앞에는 a, an, many, a few, few 등 가산 명사 앞에서 쓸 수 있는 관사 혹은 형용사를 쓸 수 없으며, 불가산 명사 뒤에는 -(e)s를 쓸 수 없다.

2) 불가산 명사의 종류

> **비비안 쌤's Point**
> 불가산 명사의 대표 종류를 '힘내게퓌러버'로 외워보세요!

H[1) _____	I[2) _____	M[3) _____
N[4) _____	A[5) _____	E[6) _____
K[7) _____	E[8) _____	
F[9) _____	L[10) _____	B[11) _____

Check Up

어법상 옳은 것에는 O, 틀린 것에는 X를 표시하고 틀린 부분을 바르게 고치시오.

He provided a few informations about her life. (O / X)

정답 X (a few informations → a piece of information)
해설 information은 셀 수 없는 명사이므로 복수형으로 쓸 수 없다. 따라서 a piece of information으로 고쳐야 한다.
해석 그는 그녀의 삶에 대한 정보를 제공했다.

---

1) omework
2) nformation
3) achinery
4) ews

5) dvice
6) quipment
7) nowledge
8) vidence

9) urniture
10) uggage
11) aggage

3 혼동하기 쉬운 명사

1) 복수로 혼동하기 쉬운 명사

학문명	politics 정치학 ethics 윤리학 * 단, statistics가 통계 수치를 의미할 경우 복수 취급	statistics 통계학 physics 물리학	economics 경제학 linguistics 언어학
나라명	the Philippines 필리핀	the Netherlands 네덜란드	
질병명	diabetes 당뇨병	measles 홍역	rabies 광견병

2) 단수와 복수의 형태가 같은 명사

species 종	means 수단	series 연속	fish 물고기

A <u>species</u> is a group of the same kind of creatures. 종은 같은 종류의 생물들의 집단이다.

These <u>species</u> are endangered to some degree in the wild. 이 종들은 야생에서 어느 정도 멸종 위기에 처해 있다.

3) 단수와 복수의 의미가 다른 명사

glass 유리 → glasses 안경	cloth 천 → clothes 옷
manner 방식 → manners 예의	arm 팔 → arms 무기
good 선 → goods 상품	custom 관습 → customs 세관
a light 조명 → light 빛	a room 방 → room 여지
time 시간 → times 시대	a work 작품 → work 일
mean 평균 → means 수단	pain 고통 → pains 수고

Check Up

어법상 옳은 것에는 O, 틀린 것에는 X를 표시하고 틀린 부분을 바르게 고치시오.

Statistics show that about 50% of new businesses fail in their first year. (O / X) [2021년 경찰직 1차]

정답 O

해설 statistics가 '통계 수치'라는 의미로 사용되었으므로 복수 취급을 한다. 따라서 복수 동사 show가 올바르게 쓰였다.

해석 통계는 신규 사업의 약 50퍼센트가 첫해에 실패한다는 것을 보여준다.

어휘 statistics 통계 business 사업

4 집합명사

1) 지칭하는 대상에 따라 단수와 복수가 달라지는 명사

family	audience	committee	staff	team	group	crowd	class

① 하나의 집단을 의미 → 단수 취급

His <u>family</u> was about to arrive. 그의 가족이 막 도착하려던 참이었다.

② 집단의 여러 구성원들을 의미 → 복수 취급

All my <u>family</u> enjoy swimming. 우리 가족은 모두 수영하는 것을 즐긴다.

2) 반드시 복수 취급하는 집합명사

cattle 소(떼)	the police 경찰	poultry 가금류

---

② 관사

1 관사의 개념

관사란 명사의 앞에서 명사의 수나 의미를 제한하는 말이다. 한국어에는 없는 개념이라 놓치기 쉬운 부분이다. 관사는 크게 두 종류로 부정관사 a, an과 정관사 the로 나뉜다.

2 부정관사 a/an → 복수 명사나 불가산 명사 앞 사용 불가

1) 부정관사의 의미

부정관사는 '하나', '~마다', '어떤'이라는 의미를 나타내는 관사이다.

2) 부정관사 관련 표현

a series of/a range of/a variety of는 '다양한'이라는 의미이며, 뒤에 가산 복수 명사가 온다는 것에 유의하세요!

a series of 일련의, 다양한	a range of 다양한	a variety of 다양한
a part of 일부분의	a portion of 일부의	a bit of 약간의

You have a variety of options. 너에게는 다양한 선택지가 있다.

3 정관사 the → 가산 단수/복수 명사, 불가산 명사 앞에 모두 사용 가능

1) 정관사의 의미

정관사는 이미 언급된 명사를 다시 언급할 때, 수식받는 명사 앞에서, 유일한 물체 앞에서 사용된다.

The Earth's resources deplete more rapidly. 지구의 자원은 더 빨리 고갈된다.

2) the를 반드시 써야 하는 경우

the +	서수 (first, second, third ...)	The first commercially successful steam engine was made in 1712. 상업적으로 성공한 최초의 증기 기관은 1712년에 만들어졌다.
	최상급	He was the most prolific writer. 그는 가장 다작한 작가였다.
	very/only/same/next + 명사	It was the very symbol of life. 그것은 바로 생명의 상징이었다.

3) by the + 단위 / 수량 표현

Most youngsters like to get paid by the hour. 대부분의 젊은이들은 시급을 받는 것을 좋아한다.

4) 동사 + 목적어 + 전치사 + the + 신체 부위

Becky's mom kissed her on the cheek. Becky의 엄마는 Becky의 볼에 뽀뽀했다.

5) the + 형용사: ~한 사람들 → [1) _____] 취급

> the elderly / old (= elderly / old people) 노인들
> the young (= young people) 젊은이들
> the rich (= rich people) 부자들
> the wounded (= wounded people) 부상자들
> the unknown (= unknown people) 모르는 사람들

<u>The rich</u> are not always happy. 부자들이 항상 행복한 것은 아니다.

4 무관사 용법

1) 불가산 명사

It can provide you with <u>information</u> about yourself. 그것은 여러분 자신에 대한 정보를 제공할 수 있습니다.

2) by + 교통 / 통신 수단

I like travelling <u>by train</u>. 나는 기차로 여행하는 것을 좋아한다.

3) 보어로 쓰인 신분 / 관직 앞

Obama was elected <u>president</u> of the United States twice. 오바마는 미국의 대통령으로 두 번 선출되었다.

4) 관직 뒤에 고유명사가 있는 경우

<u>President Kennedy</u> was admired by many people. 케네디 대통령은 많은 사람들에 의해 존경받았다.

---

1) 복수

③ 대명사

1 대명사의 개념

대명사란 명사를 대신하는 말이며, 앞에서 이미 언급된 명사를 다시 언급하게 되는 경우에 그 명사의 반복을 피하기 위해 대명사를 사용한다. 대명사에는 인칭대명사, 지시대명사, 부정대명사가 있다.

2 인칭대명사와 재귀대명사

1) 인칭대명사와 재귀대명사의 종류

인칭	수/성		인칭대명사				재귀대명사
			주격	소유격	목적격	소유대명사	
1인칭	단수		I	my	me	mine	myself
	복수		we	our	us	ours	ourselves
2인칭	단수		you	your	you	yours	yourself
	복수		you	your	you	yours	yourselves
3인칭	단수	남성	he	his	him	his	himself
		여성	she	her	her	hers	herself
		사물	it	its	it	–	itself
	복수		they	their	them	theirs	themselves

2) 인칭대명사

사람이나 사물을 가리키는 대명사로 격이 있다.

주격	주어 자리
소유격	명사 앞자리
목적격	타동사의 목적어 자리, 전치사의 목적어 자리
소유대명사	'소유격 + 명사' 자리 (주어, 목적어, 보어 자리)

3) 재귀대명사

① 재귀적 용법: 주어의 동작이 주어 자신에게 돌아가는 경우

I love ~~me~~. 나는 나를 사랑한다.
     → myself

② 강조의 용법: 대상을 강조하기 위해 재귀대명사를 반복 사용하는 경우

She <u>herself</u> came to see me. 그녀 자신이 나를 보러 왔다.

③ 재귀대명사 관련 표현

by oneself 홀로, 혼자 힘으로(= alone, on one's own)	beside oneself 이성을 잃고, 흥분하여
for oneself 자기를 위하여, 혼자 힘으로	by itself 저절로
in spite of oneself 자기도 모르게	in itself 자체로, 본질적으로

3 지시대명사

1) 지시대명사의 종류

> **비비안 쌤's Point**
> that과 those를 비교하는 것이 가장 빈출이에요.

단수 명사 지시	this	that
복수 명사 지시	these	those

The design of her new work is very similar to <u>that</u> of yours.
그녀의 새 작품의 디자인은 당신의 것과 매우 유사하다.

2) 지시대명사 those

those는 '~한 사람들'이라는 의미이며, 반드시 뒤에 나오는 수식어(전치사구, 관계절, 분사)의 꾸밈을 받는다.

<u>Those</u> who have low self-esteem tend to feel shy. 자존감이 낮은 사람들은 수줍어하는 경향이 있다.

4 부정대명사: 정해지지 않은 것을 지칭할 때 쓰이는 대명사

1) one/another/other 용법

① one(ones): 앞에 언급된 명사와 같은 종류이지만, 정해지지 않은 가산 명사를 대신한다.

Her presentation was much better than the last <u>one</u>. 그녀의 발표는 지난번 발표보다 훨씬 더 좋았다.

② another: '이미 언급한 것 이외의 또 다른 하나'라는 의미로 대명사, 형용사 역할을 한다.

If you don't like this option, I can show you <u>another</u>.
이 선택지가 마음에 들지 않으시면, 다른 선택지를 보여드릴 수 있습니다.

> **비비안 쌤's Point**
> another 뒤에는 가산 단수 명사를 써야 해요.

③ other: [1] _____ 로, 뒤에 가산 복수 명사와 함께 사용한다.

Rather than being alone, she prefers being with <u>other</u> people.
그녀는 혼자 있는 것보다 다른 사람들과 함께 있는 것을 더 좋아한다.

④ others: '이미 언급한 것 이외의 것들 중 몇몇'이라는 의미로 대명사 역할을 한다.

Children need to get along with <u>others</u>. 아이들은 다른 아이들과 잘 지낼 필요가 있다.

⑤ the other(s): '정해진 것 중 남은 것 전부'라는 의미로 대명사 역할을 한다.

If one shop lowers the price, <u>the others</u> will follow the lead.
한 가게가 가격을 낮추면, 다른 가게들도 선두를 따를 것이다.

2) some & any

	some	any
의미	몇몇(의), 약간(의)	몇몇(의), 조금(의)
역할	대명사, 형용사	대명사, 형용사
용법	주로 긍정문, 권유문	주로 부정문, 의문문, 조건문 *긍정문: 어떤 ~이라도, 무엇이든

I really don't have <u>any</u> problems with traveling for work. 나는 출장을 가는 데 정말 아무 문제가 없다.

<u>Any</u> student can come to my office and ask questions. 어떤 학생이라도 내 사무실에 와서 질문할 수 있다.

---

1) 형용사

3) no & none

	no	none
의미	없다	아무도 ~ 않다
품사	형용사	대명사

<u>None</u> of our team members have been to London for a business trip.
우리 팀원들 중 아무도 런던에 출장을 간 적이 없다.

4) all

부정대명사	복수 명사 + 복수 동사	
	불가산 명사 + 단수 동사	
부정형용사	all + 가산 복수 명사 + 복수 동사	
	all + 불가산 명사 + 단수 동사	

> **비비안 쌤's Point**
> 복수 명사는 생물을 지칭하고
> 불가산 명사는 무생물을 지칭한다고 볼 수도 있어요.

<u>All</u> that glitters is not gold. 반짝이는 것이 모두 금은 아니다.

<u>All</u> are great dancers. 모두 훌륭한 댄서들이다.

<u>All</u> horses are animals. 모든 말은 동물이다.

<u>All</u> wood tends to shrink. 모든 목재는 수축하는 경향이 있다.

each other와 one another

each other와 one another는 '서로서로'라는 뜻으로 쓰인다. 대상이 둘이면 each other가 쓰이고 대상이 셋 이상이면 one another가 쓰인다.

④ 형용사 vs. 부사

① 형용사와 부사의 개념

> **비비안 쌤's Point**
> 형용사와 부사는 혼동되는 품사이니 역할 구분을 정확하게 하셔야 해요!

형용사란 명사의 모양, 색깔, 성질, 크기, 개수 등을 자세하게 설명하거나 꾸며 주는 말로, 명사를 수식하거나(한정 용법), 주격 보어 또는 목적격 보어(서술 용법) 역할을 한다. 부사란 형용사나 동사, 부사를 더 자세하게 설명해 주고 꾸며 주는 역할을 한다.

② 형용사

1) 형용사의 역할

① 명사 수식

This book has <u>useful</u> information. 이 책은 유용한 정보를 가지고 있다.

② 보어 역할

The sun is <u>bright</u>. 태양은 밝다.

They found the project <u>difficult</u>. 그들은 그 프로젝트가 어렵다는 것을 알았다.

2) 수량 형용사

가산 명사 앞		불가산 명사 앞	가산·불가산 명사 앞
단수 명사 앞	복수 명사 앞		
a/an 하나의 each 각각의 one/a single 하나의 every 모든 another 또 다른 either 어느 한쪽의 neither 어느 ~도 – 않다	one of ~ 중 하나 a few 약간 few 거의 없는 fewer 더 적은 both 둘 다의 each of ~의 각각 several 몇몇의 many 많은 various 다양한 numerous 많은 a couple of 몇몇의 a variety of 다양한 a dozen of 12개 묶음의 a number of 많은 a range of 다양한 a handful of 소수의	little 거의 없는 a little 약간 less 더 적은 much 많은 a great deal of 많은 a large amount of 많은	no 어떤 ~도 – 아니다 all 모든 more 더 많은 most 대부분의 some 몇몇의, 어떤 any 어떤 lots of 많은 a lot of 많은 a wealth of 풍부한 plenty of 많은 other 다른

3) 수사 + 하이픈(-) + 단수 단위 표현 + 명사

단위 표현	story ~층의	meter ~미터의	minute ~분의	kilogram ~킬로그램의	year-old ~세의

4) 난이 형용사

① 난이 형용사의 종류: easy, difficult, hard, possible, impossible, convenient

② 난이 형용사의 용법

- 'It + be동사 + 난이 형용사 + for + 의미상의 주어 + to 부정사'의 어순으로 써야 한다.

  It is difficult for him to solve the problem. (O) 그가 그 문제를 푸는 것은 어렵다.

- '사람 주어 + 난이 형용사'나 'It + be동사 + 난이 형용사 + that + 사람 주어'로 쓰일 수 없다.

  He is difficult to solve the problem. (X)

Check Up

어법상 옳은 것에는 O, 틀린 것에는 X를 표시하고 틀린 부분을 바르게 고치시오.

Jason recently moved into a two-stories house. (O / X)

정답 X (stories → story)

해석 Jason은 최근에 이층집으로 이사했다.

어휘 recently 최근에

---

3 부사

1) 부사의 역할

비비안 쌤's Point
부사 자리에 friendly/costly/manly/silly/lovely/deadly와 같은 형용사는 올 수 없어요!

① 명사 빼고 모든 품사를 수식할 수 있다.

② 보어 자리에는 올 수 없다.

2) hardly, rarely, seldom, scarcely, barely

부정의 의미이므로, 이중 부정이 되지 않도록 유의해야 한다.

3) 형태가 비슷하여 혼동하기 쉬운 형용사와 부사

형용사	부사	형용사	부사
hard 어려운, 딱딱한	hard 열심히	high 높은	high 높게, 높이
	hardly 거의 ~ 않는		highly 매우
late 늦은	late 늦게	near 가까운	near 가까이
	lately 최근에		nearly 거의
close 가까운, 밀접한	close 가깝게	deep 깊은	deep 깊게, 깊이
	closely 밀접하게		deeply 매우

4) 쓰임이 비슷하여 주의해야 할 형용사와 부사

① such vs. so

비비안 쌤's Point
such와 so는 품사론과 어순이 출제돼요!

	such	so
의미	그러한 / 아주 ~한	아주
품사	형용사	부사
어순	such + a / an + 형용사 + 명사	so + 형용사 + a / an + 명사

② good vs. well

	good	well
의미	좋은	잘
품사	형용사	부사

Check Up

어법상 옳은 것에는 O, 틀린 것에는 X를 표시하고 틀린 부분을 바르게 고치시오.

Steve is rarely not late for his appointments. (O / X)

정답 X (is rarely not → is rarely)
해석 Steve는 약속에 거의 늦지 않는다.

1. -thing/-body/-one/-where로 끝나는 명사의 수식

-thing, -body, -one, -where로 끝나는 명사는 형용사가 뒤에서 수식한다.

We need <u>something</u> special. 우리는 뭔가 특별한 것이 필요하다.

2. 숫자-year-olds

숫자-year-olds는 '~대 사람들'이라는 뜻으로 쓰인다.

According to a survey, <u>30-year-olds</u> prefer to shop alone. 한 조사에 따르면, 30대들은 혼자 쇼핑하는 것을 선호한다.

3. 명사 수식 불가 형용사

'alive, asleep, awake, alike, afraid'는 명사를 수식할 수 없는 형용사로(한정적 용법 불가) 보어의 기능만 가능하다.
(서술적 용법만 가능)

Don't disturb the ~~asleep~~ baby.
                   sleeping

---

⑤ 전치사

1 전치사의 개념

전치사란 명사, 대명사 앞에 놓여 다른 명사, 대명사와의 관계를 나타내는 품사로 전치사 뒤에는 if절이나 that절이
올 수 없다.

2 혼동하기 쉬운 전치사

until	I will wait for you <u>until</u> noon. 나는 정오까지 너를 기다릴 것이다.	~까지(동작의 계속, 지속)
by	You should return <u>by</u> noon. 너는 늦어도 정오까지는 돌아와야 한다.	늦어도 ~까지(동작의 완료)
for + 숫자 표현	I will stay here <u>for two weeks</u>. 나는 2주 동안 여기에 머무를 것이다.	~ 동안(얼마나 오래 지속되는가)
during + 명사	I will stay here <u>during my vacation</u>. 나는 휴가 동안 여기에 머무를 것이다.	~ 동안(언제 일어나는가)
between	He was chosen <u>between</u> two candidates. 그는 두 명의 후보자 중 한 명으로 뽑혔다.	(둘) 사이에
among	Mike was chosen <u>among</u> many candidates. Mike는 많은 지원자들 중에서 선택되었다.	(셋 이상의) 사이에

3 전치사 vs. 접속사

전치사	접속사
despite / in spite of	although / though / even though / even if
because of / due to / owing to	because

4 in/at/on 숙어 표현

in	in time 제때 in order 정돈되어 in one's opinion ~의 의견으로는	in advance 사전에 in reality 실제로는	in place 제자리에 in effect 효력을 발휘하여
at	at once 즉시 at a 형용사 pace ~한 속도로 at the rate of ~의 비율로 at the latest 늦어도 at one's expense ~의 비용으로	at times 때때로 at 형용사 speed ~한 속도로 at the age of ~의 나이로 at one's convenience ~가 편한 때에	at least 적어도 at a 형용사 price ~한 가격으로 at a charge of ~의 비용 부담으로
on	on time 정시에 on a regular basis 정기적으로, 규칙적으로	on the list of ~의 목록에	

다음 전치사는 추상 명사와 함께 쓰여 부사 혹은 형용사로 쓰인다.

1. with / in / on / by + 추상 명사 = 부사

with kindness = kindly	with safety = safely	with ease = easily
with care = carefully	on purpose = purposely	by accident = accidentally

2. of + 추상 명사 = 형용사

of interest = interesting	of kindness = kind	of use = useful
of importance = important	of no use = useless	

MEMO

정답·해석·해설 p.180

어법상 옳은 것에는 O, 틀린 것에는 X를 표시하고 틀린 부분을 바르게 고치시오.

01 One of the many virtues of the book you are reading is that it provides an entry point into *Maps of Meaning*, which is a highly complex work because of the author was working out his approach to psychology as he wrote it. [2024년 지방직 9급]　　[　　]

02 Foreign journalists hope to cover as much news as possible during their short stay in the capital. [2024년 국가직 9급]　　[　　]

03 Despite the belief that the quality of older houses is superior to those of modern houses, the foundations of most pre-20th-century houses are dramatically shallow compared to today's, and have only stood the test of time due to the flexibility of their timber framework or the lime mortar between bricks and stones. [2024년 국가직 9급]　　[　　]

04 그들은 영상으로 서로 새해 인사를 교환했다.
→ They exchanged New Year's greetings each other on screen. [2024년 국가직 9급]　　[　　]

05 The rescue squad was happy to discover an alive man. [2023년 지방직 9급]　　[　　]

06 우리는 그 일을 이번 달 말까지 끝내야 한다. [2023년 국가직 9급]
→ We have to finish the work until the end of this month.　　[　　]

정답

01 X (because of → because)

02 O

03 X (those → that)

04 X (each other → with each other)

05 X (an alive man → a living man 또는 a man alive)

06 X (until → by)

07 Even young children like to be complimented for a job done good. [2022년 국가직 9급] [　　]

08 There was such talk about Volta's work. [2022년 국가직 9급] [　　]

09 I gave him an advice. [2009년 지방직 9급 / 2020년 경찰직 2차] [　　]

10 The new subway line will enable residents to travel directly to the airport by the train.
[2019년 경찰직 2차] [　　]

11 He dived deeply into the water. [2018년 경찰직 3차] [　　]

12 환자들과 부상자들을 돌보기 위해 더 많은 의사가 필요했다. [2017년 지방직 9급]
→ More doctors were required to tend sick and wounded. [　　]

13 She would like to be financial independent. [2017년 국가직 9급] [　　]

14 The cartoon character SpongeBob SquarePants is in a hot water from a study suggesting
that watching just nine minutes of that program can cause short-term attention and learning
problems in 4-year-olds. [2015년 서울시 9급] [　　]

15 Despite he was sleepy, he kept watching TV. [2014년 기상직 9급] [　　]

정답

07 X (good → well)
08 O
09 X (an advice → a piece of advice)
10 X (by the train → by train)
11 X (deeply → deep)

12 X (sick and wounded → the sick and wounded)
13 X (financial → financially)
14 X (in a hot water → in hot water)
15 X (Despite → Although)

16 Humans share food, while monkeys fend for itself. [2014년 지방직 7급] [   ]

17 They prefer to store such information on their cell phones or computers rather than use their heads. [2014년 기상직 9급] [   ]

18 Each officer must perform their duties efficient. [2014년 지방직 9급] [   ]

19 The first skyscraper, the 10-stories Wainwright Building in St. Louis, was designed by Louis Henry Sullivan in 1891. [2013년 경찰직 1차] [   ]

20 My sister was upset last night because she had to do too many homeworks.
[2013년 지방직 9급] [   ]

21 Many of the poor has to manage their hunger by fasting on alternate days. [2013년 지방직 9급]
[   ]

22 The actors seek advice from one another and ask for feedback. [2013년 국회직 9급] [   ]

23 He worked for an American company as an accountant during 5 years. [2013년 서울시 9급] [   ]

정답

16 X (itself → themselves)
17 O
18 X (their → his 또는 her, efficient → efficiently)
19 X (10-stories → 10-story)

20 X (many homeworks → much homework)
21 X (has → have)
22 O
23 X (during → for)

24 Linguistics share with other sciences a concern. [2012년 서울시 9급]   [   ]

25 New York's Christmas is featured in many movies while this time of year.
[2012년 서울시 9급]   [   ]

26 The heavy snow delayed my train a lot, and I was worrying about my arrival at home until
midnight. [2011년 서울시 9급]   [   ]

27 I'm going to train hard until the marathon and then I'll relax. [2010년 지방직 9급]   [   ]

28 The number of employees who come late has lately increased. [2010년 경찰직 1차]   [   ]

29 I need an advice for my business. [2010년 국가직 7급]   [   ]

30 Before the automobile, the horse was the basic and primary mean of transportation.
[2009년 경찰직]   [   ]

정답·해석·해설 p.180

| 정답 |

24 X (share → shares)
25 X (while → during)
26 X (until → by)
27 O

28 O
29 X (an advice → a piece of advice)
30 X (mean → means)

Unit 09 접속사

접속사는 단어와 단어, 구와 구, 절과 절을 연결하는 역할을 하는 품사이다. 접속사는 크게 등위·상관 접속사와 종속 접속사로 나뉘고 종속 접속사는 명사절, 형용사절, 부사절로 이뤄져 있다.

---

① 등위·상관 접속사

1 등위 접속사

1) 등위 접속사의 개념

등위 접속사는 같은 품사와 구조를 취하는 것을 대등하게 연결하는 접속사로, 단어와 단어, 구와 구, 절과 절을 대등하게 연결한다.

2) 등위 접속사의 종류

f[1]_____, a[2]_____, n[3]_____, b[4]_____, o[5]_____, y[6]_____, s[7]_____
　~ 때문에　　　그리고　　　~또한 아니다　　　그러나　　또는, 그렇지 않으면　　　그러나　　　　그래서

Thomas is absent today, <u>for</u> he is sick. Thomas는 오늘 아팠기 때문에 결석했다.

3) 등위 접속사의 병치(병렬) 구조

등위 접속사는 반드시 문법적으로 같은 구조만 연결해야 한다. 즉, 단어와 단어, 구와 구, 절과 절로 연결해야 하며, 단어의 경우 품사도 병렬 구조를 이뤄야 한다. 또한, 동명사–동명사, to 부정사–to 부정사로 연결되어야 한다. 단, to 부정사는 두 번째 연결 구조부터 to를 생략할 수 있다.

He entered the room <u>silently</u> and <u>furtively</u>. 그는 조용히 그리고 몰래 방으로 들어갔다.

You should <u>read this article</u> and <u>write a review</u>. 당신은 이 기사를 읽고 논평을 써야 한다.

I don't know <u>what the problem was</u> or <u>why she was upset</u>.
나는 무엇이 문제였는지 혹은 그녀가 왜 화가 났는지 모르겠다.

---

1) or
2) nd
3) or
4) ut
5) r
6) et
7) o

2 상관 접속사

1) 상관 접속사의 개념

상관 접속사는 둘 이상의 단어가 짝을 이루어 쓰이는 접속사로 단어와 단어, 구와 구, 절과 절을 대등하게 연결한다.

2) 상관 접속사의 종류

종류		의미	수 일치
상관 접속사	both A and B	A와 B 둘 다	B에 수 일치
	either A or B	A와 B 둘 중 하나	
	neither A nor B	A도 B도 둘 다 아닌	
	not A but B	A가 아니라 B	
	not only A but also B = B as well as A	A뿐만 아니라 B도	
	not A nor B but C	A도 아니고, B도 아니고, C이다	C에 수 일치

비비안 쌤's Point
only 대신 simply/merely/just도 올 수 있어요.

<u>Neither</u> the doctor <u>nor</u> nurses have time to rest. 의사와 간호사들 모두 쉴 시간이 없다.

Duties <u>as well as</u> privileges are important. 특권뿐만 아니라 의무도 중요하다.

정답·해석·해설 p.183

어법상 옳은 것에는 O, 틀린 것에는 X를 표시하고 틀린 부분을 바르게 고치시오.

01 My home offers me a feeling of security, warm, and love. [2022년 지방직 9급]　　　[　　]

02 Alive, she had been a tradition, a duty, and a care. [2022년 서울시 9급]　　　[　　]

03 끝까지 생존하는 생물은 가장 강한 생물도, 가장 지적인 생물도 아니고, 변화에 가장 잘 반응하는 생물이다.
→ It is not the strongest of the species, nor the most intelligent, or the one most responsive to change that survives to the end. [2016년 국가직 9급]　　　[　　]

04 사랑은 서로를 응시하는 것에 있지 않고, 같은 방향을 함께 바라보는 것에 있다. [2016년 사회복지직 9급]
→ Love does not consist in gazing at each other, but looks outward together in the same direction.　　　[　　]

05 자원봉사자들은 그들이 가치가 없기 때문이 아니라, 매우 귀중하기 때문에 보수를 받지 않는다.
→ Volunteers aren't paid, not because they are worthless, but because they are priceless.
[2016년 사회복지직 9급]　　　[　　]

정답

01　X (warm → warmth)
02　O
03　X (or → but)
04　X (looks → (in) looking)
05　O

06 German shepherd dogs are smart, alert, and loyalty. [2014년 지방직 9급] [   ]

07 Linguistics shares with other sciences a concern to be objective, systematic, consistency, and explicit in its account of language. [2012년 서울시 9급] [   ]

08 그 남자뿐만 아니라 너도 그 실패에 책임이 있다. [2010년 국가직 9급]
→ You as well as he are responsible for the failure. [   ]

09 John McCain's impetuosity is either thrilling nor disturbing. [2009년 국회직 8급] [   ]

10 American college students expect to live longer, stay married longer, and travel to Europe more often than average. [2009년 법원직 9급] [   ]

11 This not only frees up the line so that other family members can make and receive calls, but teaching your teen moderation and discipline. [2008년 법원직 9급] [   ]

정답·해석·해설 p.183

정답

06 X (loyalty → loyal)   **09** X (nor → or)

07 X (consistency → consistent)   **10** O

08 O   **11** X (teaching → teaches)

1 명사절의 역할

명사절은 '접속사 + 주어 + 동사' 형태로 문장 내에서 명사의 역할을 한다.

즉, 1) _____, 2) _____, 3) _____, 4) _____

역할을 하며, 이 절을 이끄는 접속사를 명사절 접속사라 한다.

2 명사절 접속사: that

1) that 뒤에는 5) _____ **이 온다.**

> **비비안 쌤's Point**
> that 뒤에 주어와 동사 그리고 그 동사의 종류에 맞는 꼬리까지 모두 빠짐없는 구조가 와요.

Laura said <u>that</u> she had planned a housewarming party. Laura는 집들이를 계획했다고 말했다.

2) that은 6) _____ **에는 올 수 없다.**

3) 동격절을 취하는 명사

> **비비안 쌤's Point**
> which는 사용할 수 없어요!

the fact that	the news that	the idea that	the belief that

<u>The fact that</u> my old camera still works is amazing. 내 예전 카메라가 아직도 작동한다는 사실이 놀랍다.

3 명사절 접속사: whether/if

1) if/whether는 '~인지 아닌지'라는 의미의 7) _____ **을 나타낸다.**

2) if/whether 뒤에는 완전한 절이 온다.

3) if는 8) _____ **와** 9) _____ **에는 올 수 없다.**

---

1) 주어	4) 보어	7) 불확실한 사실
2) 타동사의 목적어	5) 완전한 절	8) 주어 자리
3) 전치사의 목적어	6) 전치사의 목적어 자리	9) 전치사의 목적어 자리

4) if는 [1)]_____ 형태로는 쓸 수 없다.

My worry is if this vehicle is safe. 내 걱정은 이 차가 안전한지이다.

Whether Howard will come to the party or not is my concern. Howard가 파티에 올지 안 올지는 내 관심사이다.

4 명사절 접속사: 의문사

1) 의문 대명사 who, whom, whose, what, which

① 의문 대명사 + [2)]_____

② 각 의문사의 의미를 가진다.

who 누가	whom 누구를	whose 누구의 것	what 무엇	which 어느 것

The different uniforms show who belongs to each team. 다른 유니폼은 누가 각 팀에 속하는지를 보여준다.

I know whom he likes. 나는 그가 누구를 좋아하는지 안다.

I remember what you said yesterday. 나는 네가 어제 한 말을 기억한다.

I cannot decide which is better. 나는 어느 것이 더 나은지 결정할 수 없다.

2) 의문 형용사 whose, what, which

① 의문 형용사 + 불완전한 절

② 각 의문사의 의미를 가진다.

whose 누구의	what 무슨	which 어떤, 어느

It doesn't matter what color your skin is. 너의 피부가 무슨 색인지는 중요하지 않다.

I don't know which shirt she wants. 나는 그녀가 어떤 셔츠를 원하는지 모른다.

---

1) if or not
2) 불완전한 절

3) 의문 부사 where, when, why, how

① 의문 부사 + [1]_____

② 각 의문사의 의미를 가진다.

where 어디에	when 언제	why 왜	how 어떻게, 얼마나

I forgot <u>where</u> I put my passport. 나는 여권을 어디에 두었는지 잊어버렸다.

<u>When</u> the couple will go on their honeymoon is not fixed.
그 커플이 언제 신혼여행을 갈지는 아직 정해지지 않았다.

Researchers discovered <u>why</u> sugar is unhealthy. 연구원들은 왜 설탕이 건강에 좋지 않은지를 알아냈다.

He didn't know <u>how</u> his dog could open the door. 그는 어떻게 그의 개가 문을 열 수 있는지 몰랐다.

4) 의문사 + to 부정사 = 의문사 + 주어 + should + 동사원형

I can't decide <u>where to go</u>. 어디로 가야 할지 모르겠어요.

= I can't decide <u>where I should go</u>.

5) 의문사 what

① what + 불완전한 절

② 무조건 명사절 접속사로 쓰인다.

③ 선행사를 가질 수 없다.

④ 관용 표현

A is to B what C is to D A가 B에 대한 관계는 C가 D에 관계와 같다

= A is to B as C is to D

= What C is to D, A is to B

= As C is to D, (so) A is to B

---

1) 완전한 절

1. what vs. that

what	that
what + 불완전한 절	that + 완전한 절

2. that vs. if/whether

that	if/whether
확실한 사실	불확실한 사실

3. what vs. which

what	which
범위나 범주가 없을 때	범위나 범주가 있을 때

I don't know <u>what</u> she wants. 나는 그녀가 무엇을 원하는지 모른다.

I don't know <u>which</u> is mine between the two. 나는 둘 중에서 어느 것이 내 것인지를 모르겠다.

정답·해석·해설 p.184

어법상 옳은 것에는 O, 틀린 것에는 X를 표시하고 틀린 부분을 바르게 고치시오.

01 One reason for upsets in sports—in which the team predicted to win and supposedly superior to their opponents surprisingly loses the contest—is what the superior team may not have perceived their opponents as threatening to their continued success. [2023년 지방직 9급]

[   ]

02 독서와 정신의 관계는 운동과 신체의 관계와 같다. [2022년 지방직 9급]
→ Reading is to the mind what exercise is to the body.

[   ]

03 그녀는 남들이 말하는 것을 쉽게 믿는다. [2022년 국가직 9급]
→ She easily believes what others say.

[   ]

04 Contrary to which many believe, UA is found in every city, where it is sometimes hidden, sometimes obvious. [2021년 국가직 9급]

[   ]

05 그는 사형이 폐지되어야 하는지 아닌지에 대한 에세이를 써야 한다. [2021년 국가직 9급]
→ He has to write an essay on if or not the death penalty should be abolished.

[   ]

06 What appeared to be a shark was lurking behind the coral reef. [2019년 국가직 9급]

[   ]

정답

01 X (what → that)

02 O

03 O

04 X (which → what)

05 X (if → whether)

06 O

07 For every mystery, there is someone trying to figure out what happened. [2019년 서울시 9급] [   ]

08 What is a medium size in Japan is a small size here. [2018년 서울시 9급] [   ]

09 The people were stunned into silence as they slowly began to realize that the mayor's statement meant to their future as citizens in the city. [2018년 경찰직 1차] [   ]

10 Academic knowledge isn't always that leads you to make right decisions. [2017년 지방직 9급] [   ]

11 This wealth is that fueled later events such as the Enlightenment and the Industrial Revolution. [2016년 교육행정직 9급] [   ]

12 That a husband understands a wife does not mean they are necessarily compatible. [2015년 국가직 9급] [   ]

13 The big problem is what I don't get many chances to speak the language. [2014년 경찰직 1차] [   ]

14 With such a diverse variety of economical appliances to choose from, it's important to decide what it is best. [2013년 국가직 7급] [   ]

15 I'm having a real problem figuring out that I want. [2008년 국가직 7급] [   ]

정답·해석·해설 p.184

정답	

07 O

08 O

09 X (that → what)

10 X (that → what)

11 X (that → what)

12 O

13 X (what → that)

14 X (what it is → what is)

15 X (that → what)

③ 형용사절(관계절) 접속사

1 형용사절(= 관계절)의 역할

형용사절은 문장 내에서 절 앞의 명사를 꾸며주는 형용사의 역할을 한다.

2 관계대명사

1) 관계대명사의 선택

선행사	문장에서 빠진 요소	관계대명사
사람	주어	who
	목적어	whom
	없음	whose
사물	주어 또는 목적어	which
	없음	the 명사 of which/whose
사람 + 사물 의문사(who, what) the only/very/same + 명사	주어 또는 목적어	★ that

Emily knows the man <u>who</u> wears black pants. Emily는 검은 바지를 입은 남자를 안다.

The girl <u>whom</u> Luke met this morning was Erica. 오늘 아침에 Luke가 만난 소녀는 Erica였다.

The flight <u>which</u> goes to New York departs at 12:30. 뉴욕으로 가는 비행기는 12시 30분에 출발한다.

Julia couldn't find the camera <u>which</u> she lost yesterday. Julia는 어제 잃어버린 카메라를 찾을 수 없었다.

The person <u>whose</u> desk is always dirty is Hailey. 책상이 항상 더러운 사람은 Hailey이다.

2) 관계대명사 that

① 콤마(,) 뒤에 오는 계속적 용법으로는 사용할 수 없다.
② 전치사 뒤에서는 사용할 수 없다.

3) 수량 표현 + 관계대명사

each/any/one/some/all/many/ much/most/the rest/ both/several/half	+ of +	which whom whose 명사

Laura has 50 students in her class, <u>all of whom</u> joined the class two months ago.
Laura는 반에는 50명의 학생들이 있는데, 그들 모두는 두 달 전에 반에 들어왔다.

4) 선행사 + 관계대명사 + '주어 + 동사' 삽입절

선행사(사람) + 주격 관계대명사 who + 주어 + think/believe/know/guess/find/feel + 동사

> **비비안 쌤's Point**
> whom이 나오면 오답이에요!

5) 선행사가 부정어나 의문사인 경우 but이 관계대명사로 쓰일 수 있다.

이때 but은 'that not'(~가 아닌)의 의미를 가진다.

There is no rule <u>but</u> has some exceptions. 예외가 없는 규칙은 없다.
= There is no rule <u>that</u> <u>does</u>n't have some exceptions.

6) 전치사 + 관계대명사 + [1]_____

관계대명사가 관계절 전치사의 목적어로 사용되면 전치사는 관계절 안에 위치할 수도 있지만, '전치사 + 관계대명사' 형태로 관계절 앞부분에 위치할 수도 있다.

Tommy is the person. + I can rely on the person. Tommy는 사람이다. + 나는 그 사람에게 의지할 수 있다.
= Tommy is the person <u>whom</u> I can rely <u>on</u>. Tommy는 내가 의지할 수 있는 사람이다.
= Tommy is the person <u>on whom</u> I can rely.

Check Up

어법상 옳은 것에는 O, 틀린 것에는 X를 표시하고 틀린 부분을 바르게 고치시오.

1. Nathan helped me move the sofa, that I bought yesterday. (O / X)

   정답 X (that → which)
   해석 Nathan은 내가 어제 산 소파를 옮기는 것을 도와주었다.

2. Anthony is the man whom I feel is serious. (O / X)

   정답 X (whom → who)
   해석 Anthony는 내가 진지하다고 느끼는 사람이다.

---

1) 완전한 절

3 관계부사

1) 관계부사의 선택

선행사	관계부사
시간 (the day/the time/the year 등)	when
장소 (the place/the region/the house 등)	where
이유 (the reason)	why
방법 (the way)	how

The time <u>when</u> my daughter goes to school is 9 a.m. 내 딸이 학교에 가는 시간은 오전 9시이다.

The country <u>where</u> Adam lives is England. Adam이 사는 나라는 영국이다.

The traffic jam was the reason <u>why</u> Sam was late for the meeting. 교통체증은 Sam이 회의에 늦은 이유이다.

2) 관계부사(when/where/why/how)는 that으로 바꿔 쓸 수 있고, 생략 가능하다.

Jenna asked me the way <u>that</u> I studied English. Jenna는 나에게 내가 영어를 공부한 방법을 물어봤다.

3) the way와 how는 함께 쓸 수 없다.

4) 관계대명사와 관계부사

관계대명사 + 불완전한 절	I bought the dress <u>which/that she made</u>. 나는 그녀가 만든 드레스를 샀다.
관계부사 + 완전한 절	I visited the place <u>where he grew up</u>. 나는 그가 자란 장소를 방문했다.

Check Up

어법상 옳은 것에는 O, 틀린 것에는 X를 표시하고 틀린 부분을 바르게 고치시오.

She knows the way how I solved the problem. (O / X)

정답 X (the way how → the way 또는 how)
해석 그녀는 내가 그 문제를 어떻게 풀었는지 안다.

관계대명사의 생략

1. '주격 관계대명사(who, which, that) + be동사'는 생략할 수 있다.

   Nathan is the friend (who is) like a family member. Nathan은 가족 같은 친구이다.

2. 목적격 관계대명사(whom, which, that)는 생략할 수 있다.

정답·해석·해설 p.185

어법상 옳은 것에는 O, 틀린 것에는 X를 표시하고 틀린 부분을 바르게 고치시오.

01 I'm sad that the people who daughter I look after are moving away. [2024년 지방직 9급]　[　　]

02 어젯밤에 그가 잔 침대는 꽤 편안했다. [2024년 국가직 9급]
→ The bed which he slept last night was quite comfortable.　[　　]

03 To find a good starting point, one must return to the year 1800 during which the first modern electric battery was developed. [2022년 국가직 9급]　[　　]

04 The poverty rate is the percentage of the population which family income falls below an absolute level. [2022년 서울시 9급]　[　　]

05 The people, processes, and environments that embody fashion are also calling for new sustainable directions. [2022년 서울시 9급]　[　　]

06 Looking back, scientists have uncovered a mountain of evidence what Mayan leaders were aware for many centuries of their uncertain dependence on rainfall. [2021년 법원직 9급]　[　　]

정답

01 X (who → whose)

02 X (which → where 또는 in which)

03 O

04 X (which → whose)

05 O

06 X (what → that)

07 Providing the room is clean, I don't mind which hotel we stay at. [2020년 경찰직 2차]　　[　　]

08 그녀는 곰 인형을 하나 가지고 있었는데, 인형 눈이 양쪽 다 떨어져 나가고 없었다. [2020년 경찰직 1차]
→ She had a teddy bear, both of whose eyes were missing.　　[　　]

09 옆집에 사는 여자는 의사이다. [2019년 지방직 7급]
→ The woman who lives next door is a doctor.　　[　　]

10 I would, therefore, recommend Mrs. Ferrer for the post what you advertise.
[2018년 지방직 9급]　　[　　]

11 The water which she fell was freezing cold. [2018년 경찰직 3차]　　[　　]

12 Trees must be fitted for the places where they live in. [2018년 경찰직 1차]　　[　　]

13 We're looking forward to the time when we can get together again. [2017년 경찰직 2차]　　[　　]

정답

07 O	11 X (which she fell → which she fell in 또는 which she fell into)
08 O	12 X (where → which 또는 that)
09 O	13 O
10 X (what → which 또는 that)	

14 The head of the department, which receives twice the salary, has to take responsibility.
[2017년 지방직 9급] [   ]

15 Mind Tool is an innovative product who improves student's writing skills. [2016년 경찰직 2차] [   ]

16 The hotel which we stopped was near the station. [2012년 경북 교육행정직] [   ]

17 This is the boy whom I believe deceived me. [2012년 경찰직 1차] [   ]

18 She never listens to the advice which I gave it to her. [2004년 국가직 9급 / 2010년 경찰직 1차] [   ]

19 Who that is rich could do such a stingy thing? [2008년 국가직 7급] [   ]

20 She wants to rent the apartment where she saw last Sunday. [2006년 서울시 9급] [   ]

정답

정답·해석·해설 p.185

14 X (which → who)	**18** X (gave it → gave)
15 X (who → which 또는 that)	**19** O
16 X (which → at which 또는 where)	**20** X (where → which 또는 that)
17 X (whom → who)	

MEMO

④ 부사절 접속사

1 부사절의 역할

부사절은 문장 내에서 시간, 조건 등 주절의 의미를 부가적으로 수식하는 부사 역할을 한다.

2 시간, 조건의 부사절 접속사

시간	while ~하는 동안 when ~할 때 before ~ 전에 after ~ 후에	until ~할 때까지 by the time ~할 때까지 as soon as ~하자마자 whenever ~할 때마다
조건	if 만일 ~한다면 whether or not ~이든 아니든 provided / providing (that) ~하는 경우에 once 일단 ~하면, ~하자마자	unless 만일 ~하지 않는다면(= if not) as / so long as ~하는 한 given that 만일 ~이라면 in case ~의 경우에 대비하여

3 이유, 양보의 부사절 접속사

이유	because / as / since ~ 때문에 seeing that ~을 고려하면	now that ~이니까, ~ 때문에 in that ~이라는 점에서
양보	although / though / even though / even if 비록 ~이지만 while / whereas ~하는 반면	

> **비비안 쌤's Point**
> '전치사 뒤에는 that이 올 수 없다'는 원칙과는
> 구별되는 것이므로 해석을 통해 확인하세요!

4 목적, 결과, 비교의 부사절 접속사

목적	so that / in order that ~하기 위해서 lest ~ should ~ ~하지 않기 위해서
결과	so + 형/부 + that + 주어 + 보어 너무 형/부 해서 ~하다 such + a / an + 형용사 + 명사 + that + 주어 + 보어 너무 ~해서 ~하다 so that 그래서, 그 결과
비교	as / like ~처럼

5 부정의 의미를 포함하고 있는 접속사

아래 접속사는 부정의 의미를 이미 포함하고 있으므로 동사 내에 다시 부정어를 쓰지 않아야 한다.
(부정어를 쓰면 이중부정이 됨)

lest ~ should ~ = so that not ~	I exercise lest I should gain weight. 나는 살이 찌지 않도록 운동을 한다. = I exercise so that I should not gain weight.
unless = if not	Unless I have to work late, I can meet you. = If I don't have to work late, I can meet you. 내가 늦게까지 일하지 않는 한, 나는 너를 만날 수 있다.

6 접속사 vs. 전치사

1) 접속사와 전치사의 쓰임

접속사	+ 주어 + 동사
전치사	+ 명사(구)

2) 혼동하기 쉬운 접속사와 전치사

	접속사	전치사
~ 때문에	because	because of / thanks to / owing to / due to
비록 ~이지만	although / though / even though / even if	in spite of / despite
~ 동안	while	during

7 as/though 양보 구문

(As +)	① 무관사 명사 ② 형용사 ③ 분사 ④ 부사 ⑤ 형용사 + a/an + 명사	+ as 또는 though + 주어 + 동사	비록 ~이지만

Young <u>as</u> Charlie is, he's very mature. 비록 Charlie는 어리지만, 아주 성숙하다.

⑤ 복합 관계사

1 복합 관계사의 개념

'관계사 + −ever'의 형태로, 명사절과 양보의 부사절을 이끈다.

2 복합 관계대명사

1) 복합 관계대명사의 종류

복합 관계대명사	명사절 (모든 ~) : 주어, 목적어, 보어 역할	부사절 (~하더라도) : 양보의 의미
whoever	누구든지	누구더라도
whomever	누구든지	누구더라도
whichever	어느 것이든지	어느 것이더라도
whatever	무엇이든지	무엇이더라도

You can become <u>whoever</u> you want to be. 당신은 당신이 되고 싶은 누구든지 될 수 있다.

<u>Whoever</u> made this cake, it tastes bad. 이 케이크를 만든 사람이 누구든 간에 이것은 맛이 없다.

Celina will marry <u>whomever</u> she loves. Celina는 그녀가 사랑하는 사람과 결혼할 것이다.

You may select <u>whichever</u> you prefer. 당신은 원하는 어느 것이든지 선택할 수 있습니다.

<u>Whatever</u> you want is fine with me. 당신이 원하는 건 무엇이든지 좋아요.

<u>Whatever</u> tastes best is what we should order. 가장 맛있는 것은 우리가 주문해야 할 것이다.

<u>Whatever</u> you decide to major in, I will support your decision.
당신이 무엇을 전공하기로 결정하든, 저는 당신의 결정을 지지하겠습니다.

<u>Whatever</u> you buy online, it's important to make sure that the seller is credible.
온라인에서 무엇을 사든지 간에, 판매자를 신뢰할 수 있는지 확인하는 것이 중요합니다.

2) whoever vs. whomever

복합 관계대명사절에서 빠진 품사를 판단하여 복합 관계대명사를 알 수 있다.

> **비비안 쌤's Point**
> whomever는 주어가 빠진 구조에서는 사용할 수 없어요.

Check Up

어법상 알맞은 것을 고르시오.

1. You can come with (whoever / whomever) you want.

   정답 whomever
   해석 아무나 네가 원하는 사람과 함께 와도 된다.

2. A souvenir will be given to (whoever / whomever) participates in the event.

   정답 whoever
   해석 행사에 참여하는 모든 사람에게 기념품이 제공될 것이다.
   어휘 souvenir 기념품 participate 참여하다, 참가하다

3 복합 관계부사

1) 복합 관계부사의 종류

복합 관계부사	부사절 (~하더라도): 양보의 의미
whenever	언제 ~하더라도
wherever	어디에서 ~하더라도
however	아무리 ~하더라도

<u>Whenever</u> June visits my house, he brings me flowers. June은 우리 집에 올 때마다 꽃을 가져온다.

<u>Wherever</u> Susan goes, she always takes her cats. Susan은 어디를 가든 항상 그녀의 고양이를 데리고 다닌다.

<u>However</u> tall he is, he doesn't want to be a basketball player.
아무리 키가 크더라도, 그는 농구선수가 되고 싶지 않다.

2) 복합 관계부사 however의 어순

> **비비안 쌤's Point**
> 어순은 출제 포인트이므로 꼭 외워두세요!

however는 'however + 형용사 / 부사 + 주어 + 동사'의 어순으로 쓰인다.

I can always find a seat on the subway, <u>however crowded it may be</u>.
아무리 붐비더라도 나는 지하철에서 항상 자리를 찾을 수 있다.

4 복합 관계사 vs. 의문사

복합 관계사를 쓸지 의문사를 쓸지는 문맥에 따라 결정되므로 해석으로 판단해야 한다.

He will bring you <u>whatever</u> you want. 그는 네가 원하는 것이 무엇이든지 가져다줄 것이다.

He will bring you <u>what</u> you want. 그는 네가 원하는 것을 가져다줄 것이다.

어법상 알맞은 것을 고르시오.

1. 네가 하는 어떤 것도 나에게는 괜찮아(네가 무엇을 하든 난 괜찮아).

   → (Whatever / What) you do is fine with me.

   정답 Whatever

   해설 '무엇을 하든 괜찮다'라는 의미이므로 복합 관계사 Whatever를 써야 한다.

2. 그녀는 누가 그녀와 함께 거기에 갈지 모른다(그녀는 누구와 함께 그곳에 갈지 모른다).

   → She doesn't know (who / whoever) will go there with her.

   정답 who

   해설 '누가'라는 의미의 의문사 who를 써야 한다.

어법상 옳은 것에는 O, 틀린 것에는 X를 표시하고 틀린 부분을 바르게 고치시오.

01 설문지를 완성하는 누구에게나 선물 카드가 주어질 예정이다. [2020년 지방직 9급]
→ A gift card will be given to whomever completes the questionnaire. [   ]

02 당신이 부자일지라도 당신은 진실한 친구들을 살 수는 없다. [2021년 국가직 9급]
→ Rich as if you may be, you can't buy sincere friends. [   ]

03 He drank strong coffee lest he should feel sleepy. [2020년 경찰직 2차]
→ He drank strong coffee so that he should feel sleepy. [   ]

04 밤공기가 뜨거웠지만, 그들은 푹 잤다. [2019년 경찰직 1차]
→ Hot as the night air was, they slept soundly. [   ]

05 The investigation had to be handled with the utmost care lest suspicion be aroused.
[2019년 지방직 9급] [   ]

정답

01 X (whomever → whoever)	**04** O
02 X (as if → as 또는 though)	**05** O
03 X (so that he should feel → so that he should not feel)	

06 비록 그 일이 어려운 것이었지만, Linda는 그것을 끝내기 위해 최선을 다했다. [2017년 국가직 9급]

→ As difficult a task as it was, Linda did her best to complete it.　[　　]

07 Eloquent though she was, she could not persuade him. [2014년 서울시 9급]　[　　]

08 However weary you may be, you must do the project. [2014년 국가직 9급]　[　　]

09 However you may try hard, you cannot carry it out. [2014년 지방직 9급]　[　　]

10 사람들은 나이가 들면서 엄해지는 경향이 있다. [2014년 사회복지직]

→ People tend to be strict as though they get old.　[　　]

11 You may invite who you desire to the company outing, as long as it's not more than two guests per employee. [2011년 경찰직 1차]　[　　]

12 Because of the controversial governmental budget bill was passed by Congress, the opposition party raised an opposing point of view. [2010년 경찰직 2차]　[　　]

정답·해석·해설 p.187

정답

06 O

07 O

08 O

09 X (However you may try hard → However hard you may try)

10 X (as though → as)

11 X (who → whomever 또는 whoever)

12 X (Because of → Because)

비교 구문은 둘 이상의 대상을 비교하는 구문으로 형용사나 부사의 형태를 변형시켜 사용할 수 있다. 이러한 형용사나 부사는 원급/비교급/최상급의 세 가지 형태로 사용된다.

1 원급 구문

형용사와 부사의 원급을 사용하여 두 개의 대상이 서로 동등함을 표현한다.

1) 공식

> **비비안 쌤's Point**
> as 대신에 than을 쓸 수 없어요!

A as + 형용사/부사 원급 + as B	A는 B만큼 ~하다
A not as/so + 형용사/부사 원급 + as B	A는 B만큼 ~하지 않다

This salad tastes as delicious as junk food. 이 샐러드는 정크푸드만큼 맛있다.

She sang as beautifully as she could. 그녀는 자신이 할 수 있는 만큼 아름답게 노래했다.

2) 원급 관련 표현

as soon as possible	Please deliver this package as soon as possible. 이 소포를 가능한 한 빨리 배달해 주세요.	가능한 한 빨리
not so much A as B	Taking a picture is not so much a job as a hobby. 사진 찍는 것은 직업이라기보다는 취미입니다.	A라기보다는 B인
never(not) so much as	The interviewer never so much as smiled. 그 면접관은 미소조차 짓지 않았다.	~조차 아닌
as + many/much/few/ little + 명사 + as	We save as much money as we can. 우리는 할 수 있는 최대한 많은 돈을 저축한다.	~만큼 많은/적은 명사

3) 배수사 비교: '몇 배만큼 ~하다'

twice A + two times 등의 + 배수사	as 형용사/부사 원급 as	+ B	A는 B보다 몇 배만큼 ~한
	형용사/부사의 비교급 than		

Mary worked twice as hard as others. Mary는 다른 사람들보다 두 배만큼 더 열심히 일했다.

2 비교급 구문

두 대상 중 하나가 더 낫거나 못함을 표현한다.

1) 공식

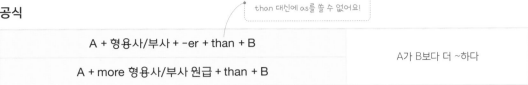

비비안 쌤's Point
than 대신에 as를 쓸 수 없어요!

A + 형용사/부사 + -er + than + B	A가 B보다 더 ~하다
A + more 형용사/부사 원급 + than + B	

2) 비교급 강조 표현

비비안 쌤's Point
more/very/so는 비교급을 수식할 수 없어요!

much	(by) far	even	a lot	still

This mountain is much steeper than the other ones. 이 산은 다른 산들보다 훨씬 가파르다.

비비안 쌤's Point
비교급 강조 표현을
'멋진파카입은얼라스틸'로
외워보세요!

3) 동일 대상의 두 가지 성질 비교

more A than B B라기보다는 A이다

She is more wise than cunning. 그녀는 교활하기보다는 현명하다.

비비안 쌤's Point
-er을 쓰지 않고 반드시 more 사용해야 해요!

4) 라틴 비교

① 라틴 비교의 종류

~~more~~ junior 더 어린
senior 더 나이 든
superior 더 우수한
inferior 더 열등한
+ to ~~than~~ + 비교 대상

Carla's son is definitely superior to others. Carla의 아들은 확실히 다른 사람들보다 뛰어나다.

② prefer(~을 선호하다)는 'prefer + to 동사원형 (rather) than (to) 동사원형' 또는 'prefer + 동명사 + to 동명사'의 형태를 취한다.

5) 비교급 관련 표현

much[still] less ~은 말할 것도 없이	no more than 단지 ~밖에 안 되는
more than 이상	no less than 자그마치 ~이나 되는
less than 이하	not more than 기껏해야(= at most, at best)
no later than ~까지는	not less than 최소한 (= at least)
no longer 더 이상 ~ 않다	
A no 비교급 than B = as 반대 의미의 원급 as B가 ~ 않은 만큼 A도 ~ 않은	
sooner or later 조만간	

6) The 비교급, the 비교급: '더 ~할수록 더 ~하다'

The 비교급 + 주어 + 동사, the 비교급 + 주어 + 동사 ~	더 ~할수록, 더 ~하다

<u>The riskier</u> it is, <u>the more</u> I love it. 위험하면 위험할수록, 나는 그것을 더 좋아한다.

3 최상급 구문

최상급은 세 개 이상의 대상 중 하나가 가장 정도가 심할 때 쓰인다.

1) 공식

the + 형용사/부사 + -(e)st	가장 ~한
the + most 형용사/부사 원급	

The Anderson House is <u>the oldest</u> building in St. John's. 앤더슨 하우스는 세인트존스에서 가장 오래된 건물이다.

2) 최상급 강조 표현

quite	by far

비비안 쌤's Point
by far는 앞, 뒤에서 모두 수식 가능해요.

3) the를 쓰지 않는 최상급

① 동일물 비교

The bakery's bread is <u>freshest</u> in the morning. 그 빵집의 빵은 아침에 가장 신선하다.

② 부사의 최상급

He ran <u>fastest</u> among runners. 그는 달리기 선수 중에서 가장 빨리 달렸다.

③ 소유격 뒤

June is my best friend. June은 나의 가장 친한 친구이다.

4) 최상급 의미를 만드는 표현

no other 단수 명사 / nothing + as(so) + 원급 + as	다른 어떤 ~만큼 ~하지 않다
no other 단수 명사 / nothing + 비교급 + than	다른 어떤 ~도 ~보다 더 ~하지 않다
비교급 + than + any other + 단수 명사 / + all the other + 복수 명사	다른 어떤 ~보다 더 ~한

No other subject is as boring to her as English. 그녀에게 영어만큼 지루한 과목은 없다.

= Nothing is more boring to her than English.

= English is more boring to her than any other subject.

= English is more boring to her than all the other subjects.

5) 최상급 관련 표현

at (the) least 적어도
at (the) best 잘해야, 기껏해야
at (the) most 많아야, 기껏해야
the world's + 최상급 세계에서 가장 ~한
one of the + 최상급 가장 ~한 - 중 한

'The 비교급, the 비교급' 구문에서의 생략

The 비교급, the 비교급 구문에서, 동사가 be동사면 주어 동사 도치와 be동사 생략이 가능하다.

The higher the quality of a diamond is, the more expensive it is. 다이아몬드의 품질이 높을수록, 더 비싸다.

= The higher is the quality of a diamond, the more is expensive. (주어 동사 도치)

= The higher the quality of a diamond, the more expensive. (be동사 생략)

정답·해석·해설 p.189

어법상 옳은 것에는 O, 틀린 것에는 X를 표시하고 틀린 부분을 바르게 고치시오.

01 I bought a book on my trip, and it was twice as expensive as it was at home. [2024년 지방직 9급]
[   ]

02 They are not interested in reading poetry, still more in writing. [2024년 국가직 9급]
[   ]

03 내 고양이 나이는 그의 고양이 나이의 세 배이다. [2023년 국가직 9급]
→ My cat is three times as old as his.
[   ]

04 그녀는 조만간 요금을 내야만 할 것이다. [2022년 지방직 9급]
→ She will have to pay the bill sooner or later.
[   ]

05 우리 인생에서 시간보다 더 소중한 것은 없다. [2022년 국가직 9급]
→ Nothing is more precious as time in our life.
[   ]

06 가장 쉬운 해결책은 아무 일도 하지 않는 것이다. [2020년 경찰직 1차]
→ The most easiest solution is to do nothing.
[   ]

07 벌과 꽃만큼 서로 밀접하게 연결되어 있는 생명체는 거의 없다. [2020년 경찰직 2차]
→ Few living things are linked together as intimately than bees and flowers.
[   ]

정답

01 O

02 X (still more → still less)

03 O

04 O

05 X (as → than)

06 X (The most easiest → The easiest)

07 X (than → as)

08 Mt. Everest is the highest mountain in the world. [2020년 경찰직 2차]

→ Mt. Everest is higher than any other mountains in the world. [   ]

09 The car insurance rates in urban areas are more higher than those in rural areas.

[2019년 경찰직 2차] [   ]

10 서희는 가족과 함께 있을 때 가장 행복하다. [2018년 경찰직 1차]

→ Seohee is happiest when she is with her family. [   ]

11 새로운 관리자는 이전 관리자보다 더 우수하다. [2018년 경찰직 1차]

→ The new manager is more superior to the old one. [   ]

12 그는 사람들이 생각했던 만큼 인색하지 않았다는 것이 드러났다. [2018년 국가직 9급]

→ It turns out that he was not so stingier as he was thought to be. [   ]

13 She never so much as mentioned it. [2017년 국가직 9급] [   ]

14 나는 눈 오는 날 밖에 나가는 것보다 집에 있는 것을 더 좋아한다. [2017년 지방직 9급]

→ I prefer to staying home than to going out on a snowy day. [   ]

15 당신 아들 머리는 당신 머리와 같은 색깔이다. [2015년 지방직 9급]

→ Your son's hair is the same color as you. [   ]

정답

08 X (mountains → mountain)

09 X (more → much/far/by far/even/a lot/still)

10 O

11 X (more superior → superior)

12 X (stingier → stingy)

13 O

14 X (to staying home than to going → to stay home (rather) than (to) go 또는 staying home to going)

15 X (you → yours)

16 나는 아침에 요가를 할 때 가장 마음이 편하다. [2014년 국가직 7급]

→ I am most relaxed when I practice yoga in the morning. [　　]

17 This research center is designed for the graduate students of art across the country and has most extensive volume of art resources. [2013년 국가직 9급] [　　]

18 It's very easier to protect the environment than to restore it. [2013년 법원직 9급] [　　]

19 The older you grow, the more difficult it becomes to learn a foreign language.
[2013년 국가직 9급] [　　]

20 His latest film is far more boring than his previous ones. [2012년 국가직 9급] [　　]

21 전 세계에서 Bolt보다 빠른 사람은 없다. [2012년 국가직 7급]

→ Any other man is faster than Bolt. [　　]

22 사업에서 신용만큼 중요한 것은 없다. [2010년 국가직 9급]

→ Everything in business is so important as credit. [　　]

---

16 O

17 X (most → the most)

18 X (very → much/far/by far/even/a lot/still)

19 O

20 O

21 X (Any → No)

22 X (Everything → Nothing)

MEMO

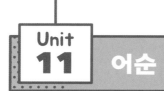

어순

문장 성분이나 여러 가지 품사들이 일정한 순서대로 나열되어야 올바른 문장이 된다.

1 간접 의문문의 어순

다른 문장 안에 포함된 의문문으로 '의문사 + 주어 + 동사' 순으로 온다.

I heard <u>why Jason was upset</u>. 저는 Jason이 왜 화가 났는지 들었어요.

2 부가 의문문

비비안 쌤's Point
알면서 괜히 확인차 물어보는 의문문으로, 긍정문/부정문인지 확인하는 것과 대동사의 종류를 파악하는 게 중요해요!

부가 의문문은 평서문 뒤에 '동사 + 주어'의 형태로 쓰며, 되묻는 문장이다.

1) 평서문이 긍정이면 부정 의문문은 부정으로, 부정이면 긍정으로 사용한다.

앞 문장	부가 의문문	예문
긍정	부정	He is kind, <u>isn't he</u>? 그는 친절하죠, 그렇지 않나요?
부정	긍정	He isn't kind, <u>is he</u>? 그는 친절하지 않아요, 그렇죠?

2) 평서문에서 사용된 동사와 같은 종류의 동사와 시제를 사용한다.

앞 문장	부가 의문문	예문
be동사	be동사	He is kind, <u>isn't he</u>? 그는 친절하죠, 그렇지 않나요?
일반동사	do/does/did	He speaks Spanish, <u>doesn't he</u>? 그는 스페인어를 해요, 그렇지 않나요?
조동사	조동사	He can speak Spanish, <u>can't he</u>? 그는 스페인어를 할 줄 알아요, 그렇지 않나요?

3 특정 명사의 수식

-thing / -one / -body / -where로 끝나는 명사는 형용사가 ¹⁾_____에서 꾸며준다.

I need <u>something</u> sweet. 나는 달콤한 것이 필요하다.

4 여러 가지 형용사가 함께 명사를 수식하는 경우의 어순

형용사가 두 개 이상 쓰이는 경우 '순서 – 수 – 판단/태도 – 크기/길이/형태 – 색깔/원료'의 순으로 쓴다.

순서	수	판단/태도	크기/길이/형태	색깔/원료
서수/last/next	two/ten	beautiful	big/long/round	red/leather

I need <u>two large white</u> plates. 나는 두 개의 큰 흰색 접시가 필요하다.

5 혼동하기 쉬운 어순

비비안 쌤's Point
enough의 어순을 '형부이명 있으세요?'로 외워보세요!

1) enough

형용사/부사 + enough	충분히 ~한
enough + 명사	충분한 ~
형용사/부사 + enough + to 부정사	to 부정사 하기에 충분히 ~하다

2) 형어명 vs. 어형명

so/as/too/how	+ 형용사 + a + 명사
such/quite/rather/what	+ a + 형용사 + 명사

---

1) 뒤

3) 구동사와 목적어의 어순

① 구동사(동사 + 부사)의 종류

| put on 입다 | put off 미루다, 연기하다 | turn on 켜다 | turn off 끄다 |

② 구동사의 어순

비비안 쌤's Point
대명사는 반드시 동사와 부사 사이에 들어가야 해요!

| 목적어 = 대명사 | 동사 + 대명사 + 부사 | I put it on. (O) 나는 그것을 썼다.
I put on it. (X) |
| 목적어 = 명사 | 동사 + 명사 + 부사
동사 + 부사 + 명사 | I put sunglasses on. (O) 나는 선글라스를 썼다.
I put on sunglasses. (O) 나는 선글라스를 썼다. |

정답·해석·해설 p.190

어법상 옳은 것에는 O, 틀린 것에는 X를 표시하고 틀린 부분을 바르게 고치시오.

01 He asked me why I kept coming back day after day. [2022년 지방직 9급]   [   ]

02 An ugly, old, yellow tin bucket stood beside the stove. [2022년 서울시 9급]   [   ]

03 This guide book tells you where should you visit in Hong Kong. [2021년 국가직 9급]   [   ]

04 It's not surprising that book stores don't carry newspapers any more, doesn't it?
[2021년 국가직 9급]   [   ]

05 그것은 너무나 아름다운 유성 폭풍이어서 우리는 밤새 그것을 보았다. [2021년 국가직 9급]
→ It was such a beautiful meteor storm that we watched it all night.   [   ]

06 He felt enough comfortable to tell me about something he wanted to do.
[2021년 지방직 9급]   [   ]

07 Bill supposes that Mary is married, isn't he? [2016년 지방직 9급]   [   ]

정답

01 O

02 O

03 X (where should you → where you should)

04 X (doesn't it → is it)

05 O

06 X (enough comfortable → comfortable enough)

07 X (isn't he → doesn't he)

08   It is impossible to say how first entered the idea my brain. [2014년 지방직 7급]   [   ]

09   우리는 운이 좋게도 그랜드 캐니언을 방문했는데, 거기에는 경치가 아름다운 곳이 많다.

     → We were enough fortunate to visit the Grand Canyon, which has much beautiful landscape.

     [2013년 국가직 9급]   [   ]

10   Ms. brown is so good a teacher that everybody respects her. [2012년 경북 교육행정직 9급]   [   ]

11   There are good some flowers in the garden. [2012년 경북 교육행정직]   [   ]

12   Do you think who the speaker is? [2008년 국가직 7급]   [   ]

13   Do you realize how far is it to Hawaii? [2008년 국가직 7급]   [   ]

14   It is not enough warm for us to go to the beach this morning. [2003년 관세사]   [   ]

정답·해석·해설 p.190

정답

08 X (how first entered the idea → how the idea first entered)

09 X (enough fortunate → fortunate enough)

10 O

11 X (good some → some good)

12 X (Do you think who the speaker is? → Who do you think the speaker is? 또는 Who do you think is the speaker?)

13 X (is it → it is)

14 X (enough warm → warm enough)

영어 문장에서 '주어 + 동사'의 어순이 일반적이다. 하지만, 주어가 아닌 다른 문장 성분을 강조하고자 문장의 맨 앞에 위치하는 경우에, '동사 + 주어'의 어순으로 쓰는데, 이를 도치라고 한다.

1 부정/제한을 나타내는 부사구 도치

부정/제한을 나타내는 부사구가 문장의 맨 앞에 위치하면, '부사(구) + 조동사 + 주어 + 동사'의 어순이 된다.

부정을 나타내는 부사(구)	never 결코 ~ 않다 not until ~하고 나서야 비로소 -하다 no longer 더 이상 ~ 않다 at no time 결코 ~ 않다 on no account 결코 ~ 않다 nowhere 어디에서도 ~ 않다 hardly/seldom/rarely/little 거의 ~ 않다 no sooner ~ than - ~하자마자 -하다 nor/neither ~도 역시 - 않다 under no circumstance 어떤 일이 있어도 ~ 않다
제한을 나타내는 부사구	not only ~일 뿐 아니라 only + 부사구 오직 ~

Little did I dream that he was a criminal. (O) 그가 범죄자일 줄은 꿈에도 몰랐다.
Little dreamed I that he was a criminal. (X)

2 장소/방향/위치를 나타내는 부사구 도치

장소/방향/위치의 부사(구)가 문장의 맨 앞에 위치하면, '부사(구) + 동사 + 주어'의 어순이 된다.

Among the refugees were little babies. 난민들 중에는 어린 아기들도 있었다.

In the backyard wait your party guests. 뒷마당에서 당신의 파티 손님들이 기다리세요.

3 형용사/분사 보어의 도치

> 비비안 쌤's Point
> '형용사/분사 보어 + the + 명사 + 동사' 어순은 옳지 않아요!

형용사/분사 보어가 문장의 맨 앞에 위치하면, '형용사/분사 보어 + 동사 + 주어'의 어순이 된다.

Found in the bag was my old diary. 가방에서 내 오래된 일기장이 발견됐다.

4 so, such 도치

So + 형용사/부사	+ 동사 + 주어 + that ~	너무 ~해서 ~하다
Such		

So quickly did she work that she finished early. 그녀는 일을 너무 빨리해서 일찍 끝냈다.

So strong was the storm that it knocked over a few trees. 폭풍이 너무 강해서 나무 몇 그루를 넘어뜨렸다.

= Such was the storm that it knocked over a few trees.

5 so, neither/nor 도치

> **비비안 쌤's Point**
> so, neither/nor 도치는 본동사를 빠르게 찾는 것이 핵심이에요!

긍정문	and + so + 동사 + 주어	또한 ~하다
부정문	and + neither + 동사 + 주어	또한 ~하지 않다

He had passed the test and so had I. 그는 시험에 합격했고 나도 합격했다.

> **비비안 쌤's Point**
> and neither는 nor로 쓸 수 있어요.

She doesn't know the reason and neither do I. 그녀는 그 이유를 모르고 나도 모른다.

6 접속사 as/than 도치

1) '~처럼'이라는 뜻으로 쓰인 접속사 as 또는 '~보다'라는 뜻으로 쓰인 접속사 than이 절의 맨 앞에 오면, 'as / than + 동사 + 주어'의 어순이 된다.

2) 다만, as / than 바로 뒤의 절이 '주어 + 조동사'로 이루어져 있을 때, 조동사와 주어 사이에 도치가 선택적으로 가능하다.

Lilacs only bloom for a short time, as cherry blossoms do. 라일락은 벚꽃처럼 짧은 시간 동안만 핀다.

= as do cherry blossoms

> **한스푼 레벨UP!**

도치가 일어나지 않는 경우

1. 장소나 방향을 나타내는 부사구 뒤에 콤마(,)가 있을 때 혹은 시간의 부사구가 강조되어 문장의 맨 앞에 나올 때는 도치가 일어나지 않는다.

   In a few minutes the new president will be announced. 잠시 후에 새 대통령이 발표될 것이다.

2. '~처럼'이라는 뜻으로 쓰인 접속사 as가 절의 맨 앞에 오더라도, 두 개의 절의 주어가 서로 같을 경우 도치가 일어나지 않는다.

   He woke up early in the morning, as he does every day. 그는 매일 그렇듯 아침 일찍 일어났다.

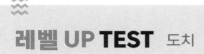
정답·해석·해설 p.192

어법상 옳은 것에는 O, 틀린 것에는 X를 표시하고 틀린 부분을 바르게 고치시오.

01 Only when she left the party did he arrived there. [2021년 경찰직 1차] [   ]

02 The team manager didn't like the plan, and so did the rest of the staff. [2021년 경찰직 1차] [   ]

03 Cindy loved playing the piano, and so did her son. [2021년 국가직 9급] [   ]

04 Little I dreamed that he had told me a lie. [2020년 경찰직 1차] [   ]

05 No sooner had he seen me than he ran away. [2012년 경북 교육행정직 9급 / 2020년 경찰직 1차] [   ]

06 Not only she is modest, but she is also polite. [2019년 경찰직 2차] [   ]

07 Never again lions crossed Richard's fence. [2018년 법원직 9급] [   ]

08 Never in my life have I seen such a beautiful woman. [2018년 국회직 9급] [   ]

정답

01 X (arrived → arrive)

02 X (and so → and neither 또는 nor)

03 O

04 X (I dreamed → did I dream)

05 O

06 X (Not only she is → Not only is she)

07 X (lions crossed → did lions cross)

08 O

09 Attached is the document file you've requested. [2018년 국회직 9급]   [   ]

10 They didn't believe his story, and neither did I. [2017년 국가직 9급]   [   ]

11 어떤 상황에서도 너는 이곳을 떠나면 안 된다. [2015년 지방직 9급]
→ Under no circumstances you should not leave here.   [   ]

12 So vigorously did he protest that they reconsidered his case. [2014년 서울시 9급]   [   ]

13 At certain times may this door be left unlocked. [2014년 서울시 9급]   [   ]

14 The sea has its currents, as do the river and the lake. [2014년 서울시 9급]   [   ]

15 Only in this way is it possible to explain their actions. [2014년 서울시 9급]   [   ]

16 So successful has been the concept that Lee has now opened three tea shops in California.
[2009년 국회직 8급]   [   ]

17 On no account strangers must be let in. [2008년 지방직 9급]   [   ]

18 Little did she realize what I was trying to say. [2007년 인천시 9급]   [   ]

정답·해석·해설 p.192

정답	
09 O	**14** O
10 O	**15** O
11 X (you should not leave → should you leave)	**16** X (has been the concept → has the concept been)
12 O	**17** X (strangers must → must strangers)
13 X (may this door be left → this door may be left)	**18** O

실전문제

실전문제

01 밑줄 친 부분 중 어법상 가장 옳지 않은 것은? [2018년 서울시 9급]

> Blue Planet II, a nature documentary ① produced by the BBC, left viewers ② heartbroken after showing the extent ③ to which plastic ④ affects on the ocean.

02 다음 중 어법상 옳은 것은? [2011년 국가직 9급]

① She objects to be asked out by people at work.

② I have no idea where is the nearest bank around here.

③ Tom, one of my best friends, were born in April 4th, 1985.

④ Had they followed my order, they would not have been punished.

03 밑줄 친 부분 중 어법상 옳은 것은? [2017년 하반기 지방직 9급]

> Last week I was sick with the flu. When my father ① heard me sneezing and coughing, he opened my bedroom door to ask me ② that I needed anything. I was really happy to see his kind and caring face, but there wasn't ③ anything he could do it to ④ make the flu to go away.

04 우리말을 영어로 잘못 옮긴 것은? [2012년 국가직 9급]

① 어제 눈이 많이 와서 많은 사람들이 길에서 미끄러졌다.
   → We had much snow yesterday, which caused lots of people slip on the road.

② 그 협정들은 작년 회의에서 합의된 것이다.
   → The arrangements were agreed on at the meeting last year.

③ 나는 트럭이 가까이 다가오는 것을 보고 겁에 질렸다.
   → I got scared when I saw the truck closing up on me.

④ 나는 뒤돌아보지 않고 앞문으로 걸어 나갔다.
   → I walked out of the front door without looking back.

05 우리말을 영어로 잘못 옮긴 것은? [2015년 국가직 7급]

① 남에게 의존하지 말고 너 자신이 직접 그것을 하는 것이 중요하다.

→ It is important that you do it yourself rather than rely on others.

② 은행 앞에 주차된 내 차가 불법 주차로 인해 견인되었다.

→ My car, parked in front of the bank, was towed away for illegal parking.

③ 토요일까지 돈을 갚을 수 있다면, 돈을 빌려줄게.

→ I'll lend you with money provided you will pay me back by Saturday.

④ 만약 태풍이 접근해 오지 않았었더라면 그 경기가 열렸을 텐데.

→ The game might have been played if the typhoon had not been approaching.

06 우리말을 영어로 옮긴 것으로 가장 적절한 것은? [2013년 국가직 9급]

① 그들이 10년간 살았던 집이 폭풍에 심하게 손상되었다.

→ The house which they have lived for 10 years badly damaged by the storm.

② 수학 시험에 실패했을 때에서야 그는 공부를 열심히 하기로 결심했다.

→ It was not until when he failed the math test that he decided to study hard.

③ 냉장고에 먹을 것이 하나도 남아있지 않아서, 어젯밤에 우리는 외식을 해야 했다.

→ We had nothing to eat left in the refrigerator, we had to eat out last night.

④ 우리는 운이 좋게도 그랜드 캐니언을 방문했는데, 거기에는 경치가 아름다운 곳이 많다.

→ We were enough fortunate to visit the Grand Canyon, that has much beautiful landscape.

07 밑줄 친 부분 중 어법상 가장 옳지 않은 것은? [2018년 서울시 9급]

I ① underline{convinced} that making pumpkin cake ② underline{from} scratch would be ③ underline{even} easier than ④ underline{making} the cake from a box.

08 밑줄 친 부분 중 어법상 가장 옳지 않은 것은? [2018년 법원직 9급]

In criminal cases, the burden of proof is often on the prosecutor to persuade the trier (whether judge or jury) ① that the accused is guilty beyond a reasonable doubt of every element of the crime charged. If the prosecutor fails to prove this, a verdict of not guilty is ② rendered. This standard of proof contrasts with civil cases, ③ where the claimant generally needs to show a defendant is liable on the balance of probabilities (more than 50% probable). In the USA, this is ④ referring to as the preponderance of the evidence.

09 다음 중 어법상 옳지 않은 것은? [2015년 교육행정직 9급]

① I saw one of the most impressive government policies in years.

② If I were you, I'd apply for the position just for the experience.

③ That wonderful thought was suddenly occurred after I came to Jeju.

④ I urged in my previous letter that they be treated as his colleagues.

10 다음 중 어법상 옳은 것은? [2012년 지방직/사회복지직(인천시) 9급]

① The college newspaper prints only the news that are of interest to the students and faculty.

② As soon as I will get all the vaccinations, I will be leaving for a break.

③ Susan likes to lay down for a short nap every afternoon.

④ The instructions require that we not use a red pen.

11 밑줄 친 부분 중 어법상 가장 옳지 않은 것은? [2015년 서울시 9급]

The cartoon character SpongeBob SquarePants is ① in a hot water from a study ② suggesting that watching just nine minutes ③ of that program can cause short-term attention and learning problems ④ in 4-year-olds.

12 밑줄 친 부분 중 어법상 가장 옳지 않은 것은? [2019년 서울시 9급]

Squid, octopuses, and cuttlefish are all ① <u>types</u> of cephalopods. ② <u>Each</u> of these animals has special cells under its skin that ③ <u>contains</u> pigment, a colored liquid. A cephalopod can move these cells toward or away from its skin. This allows it ④ <u>to change</u> the pattern and color of its appearance.

13 다음 중 우리말을 영어로 잘못 옮긴 것은? [2011년 국가직 9급]

① 시간이 부족해서 시험을 끝낼 수 없었다.
   → I couldn't finish the exam because I ran out of time.

② 습관을 깨기란 예상보다 훨씬 어렵다.
   → It is much more difficult than you'd expect to break a habit.

③ 대부분의 사람들은 TV에서 지나친 폭력을 매우 싫어한다.
   → Most people have a strong dislike to excessive violence on TV.

④ 낮에는 너무 바빠 걱정할 틈도 없고, 밤에는 너무 피곤해서 깨어 있을 수 없는 사람은 복 받은 사람이다.
   → Blessed is the man who is too busy to worry in the day and too tired of lying awake at night.

14 밑줄 친 부분 중 어법상 가장 옳지 않은 것은? [2016년 기상직 9급]

People ① <u>unaccustomed</u> to high altitudes ② <u>would suffer</u> from mountain sickness in the Himalayas. The lack of oxygen in the air would make them ③ <u>dizzy</u> and, perhaps, ④ <u>unconsciously</u>.

15 다음 (A), (B)에 들어갈 말로 바르게 짝지어진 것은? [2016년 교육행정직 9급]

> _____(A)_____ the fact that sport is a salient part of our daily lives, it has, until recently, received little serious study by sociologists. Accordingly, there _____(B)_____ few clear and compelling definitions and descriptions of sport as a social activity.

       (A)   (B)

① Although — are

② Despite — is

③ Despite — are

④ Although — is

16 다음 중 어법상 옳은 것은? [2015년 기상직 9급]

① I looked at the mountain the top of which was covered with snow.

② A number of domestic expert as well as scholar joins the research project.

③ These things are happened as everything is all in a lifetime.

④ I barely finished my homework after he returns to my house.

17 밑줄 친 부분 중 어법상 가장 옳지 않은 것은? [2018년 법원직 9급]

> After lots of trial and error, Richard finally created a system of flashing LED lights, ① powered by an old car battery that was charged by a solar panel. Richard set the lights up along the fence. At night, the lights could be seen from outside the stable and took turns flashing, ② which appeared as if people were moving around with torches. Never again ③ lions crossed Richard's fence. Richard called his system Lion Lights. This simple and practical device did no harm to lions, so human beings, cattle, and lions were finally able to make peace with ④ one another.

18 밑줄 친 부분 중 어법상 가장 옳지 않은 것은? [2019년 국가직 9급]

A myth is a narrative that embodies—and in some cases ① helps to explain—the religious, philosophical, moral, and political values of a culture. Through tales of gods and supernatural beings, myths ② try to make sense of occurrences in the natural world. Contrary to popular usage, myth does not mean "falsehood." In the broadcast sense, myths are stories—usually whole groups of stories—③ that can be true or partly true as well as false; regardless of their degree of accuracy, however, myths frequently express the deepest beliefs of a culture. According to this definition, the *Iliad* and the *Odyssey*, the Koran, and the Old and New Testaments can all ④ refer to as myths.

19 밑줄 친 부분 중 어법상 가장 옳지 않은 것은? [2019년 서울시 9급]

By 1955 Nikita Khrushchev ① had been emerged as Stalin's successor in the USSR, and he ② embarked on a policy of "peaceful coexistence" ③ whereby East and West ④ were to continue their competition, but in a less confrontational manner.

20 다음 (A), (B)에 들어갈 말로 바르게 짝지어진 것은? [2017년 기상직 9급]

Many government leaders are encouraging people to ride bikes more often. In many cities, people are _____(A)_____ to use bikes instead of cars for short trips. Several cities have added bikes paths and parking spaces for bikes to make bike riding easier and safer. Bicycle training is _____(B)_____ for both children and adults. Learning the rules of the road and practicing good riding skills help people become smarter, safer cyclists.

	(A)	(B)
①	asking	offering
②	asking	offered
③	asked	offered
④	asked	offering

정답·해석·해설

동사의 종류

레벨 UP TEST
p.20

01

정답 O

해설 find가 5형식 동사로 쓰여 to 부정사를 목적어로 취할 땐 'find + 가목적어 it + 목적격 보어 + to 부정사'의 구조를 취한다.

02

정답 X (me → to me)

해설 mention은 4형식으로 쓸 수 없는 3형식 동사이므로 간접목적어 앞에 전치사 to를 써야 한다. 따라서 me를 to me로 고쳐야 한다.

03

정답 O

해설 want가 5형식 동사로 사용되면 목적격 보어로 to 부정사를 취하므로 to come이 올바르게 쓰였다.

04

정답 O

해설 5형식 동사로 쓰인 make가 목적격 보어로 형용사 역할을 하는 suited를 취하고 있는 것은 목적어인 그가 '적합해진' 수동 관계이므로 올바르다.

05

정답 O

해석 이식 기술의 발전은 장기 질환 말기인 개인의 수명을 연장하는 것을 가능하게 만들었다.

해설 make가 5형식 동사로 사용되어 to 부정사나 that절을 목적어로 취하는 경우, 'make + it(가목적어) + 목적격 보어 + to 부정사/that절(진목적어)' 형태를 취한다. 따라서 it이 가목적어로 올바르게 쓰였다.

어휘 advance 발전 transplant technology 이식 기술 extend 연장하다 end-stage 말기의 organ 장기

06

정답 X (remove → removed)

해석 머리에 연필 끝이 박힌 여자가 마침내 그것을 제거했다.

해설 사역동사 have는 목적어와 목적격 보어의 관계가 능동이면 동사원형을, 수동이면 과거분사를 목적격 보어로 취한다. 여기서는 it이 가리키는 것이 the tip of a pencil이고, 연필 끝은 '제거되는' 것이므로 remove를 과거분사 removed로 고쳐야 한다.

어휘 tip 끝 remove 제거하다

07

정답 X (can → cannot)

해설 주어진 우리말이 단 한 푼의 돈도 낭비할 수 '없다'이므로, 의미에 맞게 can을 cannot으로 고쳐야 한다. afford는 뒤에 to 부정사를 이끄는 동사이므로 해당 부분은 올바르다.

어휘 afford ~을 할 여유[형편]가 되다

08

정답 O

해설 fade가 '사라지다'라는 의미의 자동사로 올바르게 쓰였다.

어휘 fade 사라지다

09

정답 X (unpredictably → unpredictable)

해석 나의 다정한 딸이 갑자기 예측할 수 없게 되었다.

해설 동사 become은 주격 보어를 취하며, 보어 자리에는 명사나 형용사 역할을 하는 것이 올 수 있으므로 부사 unpredictably를 형용사 unpredictable로 고쳐야 한다.

어휘 sweet-natured 다정한, 상냥한 suddenly 갑자기

10

정답 X (rise → raise)

해석 그는 내가 열심히 일했기 때문에 내 월급을 올려주겠다고 말했다.

해설 '월급을 올리다'는 타동사 raise를 써서 나타낼 수 있으므로 자동사 rise를 타동사 raise로 고쳐야 한다.

어휘 salary 월급

11

정답 X (buying → to buy)

해석 나는 냉장고에서 어떤 채소도 찾을 수 없었는데, 그것은 내 아내가 집에 오는 길에 조금 사 오기로 한 것을 잊어버린 게 틀림없음을 의미한다.

해설 해석상 '사 오기로 한 것을 잊어버린 게 틀림없다'라는 미래의 의미이므로 buying을 to buy로 고쳐야 한다.

12

정답 X (finding increasingly → finding it increasingly)

해석 최고의 소프트웨어 회사들은 계속 앞서 있는 것이 점점 더 힘든 일임을 깨닫고 있다.

해설 동사 find는 '~이 -임을 깨닫다'라는 의미를 나타낼 때 목적어와 목적격 보어를 취하는 5형식 동사로 쓰인다. to 부정사구 목적어 to stay ahead가 목적격 보어 increasingly challenging과 함께 오면, 진짜 목적어인 to 부정사구를 목적격 보어 뒤로 보내고 가짜 목적어 it을 써야 한다. 따라서 finding increasingly를 finding it increasingly로 고쳐야 한다.

어휘 **ahead** 앞선, 앞에

13
정답 X (waited → waited for 또는 awaited)

해석 나는 커튼 뒤에 숨어서 그 그림자가 다시 나타나기를 기다렸다.

해설 동사 wait 뒤에 목적어가 있으므로 자동사 wait 뒤에 전치사를 삽입하여 waited for로 고치거나 타동사 awaited로 고쳐야 한다.

14
정답 O

해석 불가피한 상황들이 내가 그 일에 착수하는 것을 방해했다.

해설 'A가 B하는 것을 방해하다'라는 의미는 'prevent A from B'로 써야 하므로 prevented me from setting이 올바르게 쓰였다.

어휘 **unavoidable** 불가피한 **circumstance** 상황

15
정답 O

해석 아무도 이런 물건을 사지 않는다면, 사람들은 그러한 멸종 위기에 처한 동물들을 죽이는 것을 멈출 것이다.

해설 stop은 동명사와 함께 쓰이면 '~하는 것을 멈추다'라는 의미이므로 stop killing이 올바르게 쓰였다.

어휘 **endangered** 멸종 위기에 처한

16
정답 O

해석 걷기는 자연을 위한 최선이며, 네가 방문하고 있는 곳을 더 자세히 알게 해준다.

해설 let이 사역동사로 쓰였고 목적어 you와 목적격 보어의 행위 get to know가 능동 관계이므로 동사원형 get이 올바르게 쓰였다.

17
정답 X (slip → to slip)

해설 cause는 5형식 동사로 사용될 때 목적격 보어 자리에 to 부정사를 취하므로 slip을 to slip으로 고쳐야 한다.

18
정답 O

해석 나는 트럭이 가까이 다가오는 것을 보고 겁을 먹었다.

'내가 겁을 먹은 것'이므로 감정 유발 분사가 과거분사 scared로 올바르게 쓰였다. see가 지각동사로 사용되었고, truck과 목적격 보어의 행위인 closing up이 능동 관계이므로 현재분사 closing도 올바르게 쓰였다.

19
정답 X (to mail → mailing)

해설 remember는 동명사와 함께 쓰일 때 '~한 것을 기억하다'라는 의미이므로 to mail을 mailing으로 고쳐야 한다.

20
정답 X (obey to → obey)

해석 그들은 반드시 그들의 선임들을 따라야 한다.

해설 obey는 완전 타동사이므로 전치사와 함께 사용할 수 없다. 따라서 obey to를 obey로 고쳐야 한다.

어휘 **senior** 선임, 상급자

21
정답 X (to come → come 또는 coming)

해석 우리는 그들이 들어오는 것을 알아차렸다.

해설 notice는 지각동사로 사용될 때 목적격 보어 자리에 to 부정사를 취하지 않는다. 목적어 them과 목적격 보어 come in이 능동 관계이므로 to come을 동사원형 come 또는 현재분사 coming으로 고쳐야 한다.

22
정답 X (develop → developed)

해석 디지털카메라를 사용하면 너는 필름을 현상할 필요가 없다.

해설 have가 사역동사로 사용되었고, 목적어인 필름은 현상되는 수동 관계이므로 develop을 과거분사 developed로 고쳐야 한다.

어휘 **develop** 현상하다

23
정답 O

해석 나는 네가 혈압을 확인해야 한다고 생각한다.

해설 get이 준사역동사로 쓰였고 목적어인 혈압은 검사를 받는 수동 관계이므로 과거분사인 checked가 올바르게 쓰였다.

어휘 **blood pressure** 혈압

24
정답 O X (change → to change)

해석 따라서 만약 그 기후적 요인들이 변하면, 당신은 초원 또한 변할 것으로 예상할 것이다.

해설 expect는 5형식 동사로 쓰일 때 목적격 보어 자리에 to 부정사를 취하므로 change를 to change로 고쳐야 한다.

어휘 climatic 기후적 grassland 초원, 초지

25

정답 X (uselessly → useless)

해석 나는 그들과 싸우는 것이 소용없다고 생각했다.

해설 thought가 가목적어 it을 사용한 구조로 쓰였으며 it 뒤는 목적격 보어 자리이므로 부사가 아닌 형용사를 써야 한다. 따라서 uselessly를 useless로 고쳐야 한다.

26

정답 O

해석 자러 가기 전에 고양이를 밖에 내다 놓는 것을 기억하세요.

해설 remember는 to 부정사와 함께 쓰일 때 '~할 것을 기억하다'라는 의미이므로 to put이 올바르게 쓰였다.

27

정답 X (for you to come → to your coming)

해석 우리는 네가 오기를 고대하고 있는 중이다.

해설 look forward to는 뒤에 동명사와 함께 쓰이므로 to come을 coming으로 고쳐야 하고 동명사의 의미상의 주어는 소유격으로 나타내므로 for you를 your로 고쳐야 한다. 따라서 for you to come을 to your coming으로 고쳐야 한다.

28

정답 X (address to → address)

해석 말할 필요도 없이, 여러분 모두와 같이 중요한 청중에게 강연하는 것은 특권입니다.

해설 address는 완전 타동사이므로 address to를 address로 고쳐야 한다.

어휘 privilege 특권, 특혜 address 강연하다, 연설하다
prominent 중요한

29

정답 X (to move → from moving)

해석 브레이크는 또한 차량이 움직이는 것을 막기 위해 많은 경우에 사용된다.

해설 keep은 'A가 B하는 것을 막다'라는 의미로 사용될 때 'keep A from B'로 써야 하므로 to move를 from moving으로 고쳐야 한다.

레벨 UP TEST
p.30

01

정답 O

해석 지난달에 내 개가 사라졌고 그 이후로 보이지 않는다.

해설 disappear는 수동태로 쓸 수 없는 완전자동사이므로 올바르게 쓰였다.

02

정답 O

해석 그 그림은 미술 평론가에 의해 주의 깊게 관찰되었다.

해설 look at은 '~을 보다[관찰하다]'라는 의미의 '자동사 + 전치사'인데, 그림이 미술 평론가에 의해 '보이는[관찰되는]' 수동 관계이므로 수동태 was looked at이 올바르게 쓰였다. 참고로 look at은 수동태로 쓰일 때도 전치사 at이 생략되지 않는 것에 유의해야 한다.

어휘 carefully 주의 깊게, 조심스럽게 critic 평론가, 비평가

03

정답 O

해석 모든 과제는 제시간에 제출될 것으로 예상된다.

해설 과제가 '제출되는' 것이므로 수동부정사 to be turned in이 올바르게 쓰였다. 또한 과제가 제출될 것이라고 '예상되는' 것이므로 수동태 are expected도 올바르게 쓰였다.

어휘 turn in 제출하다 on time 제시간에

04

정답 O

해석 말은 개별적인 필요성과 일의 성격에 따라 먹이를 주어야 한다.

해설 문장의 주어는 '말(horse)'이고 feed는 타동사로 '먹이를 주다'라는 의미이므로, 수동태 should be fed가 올바르게 쓰였다.

어휘 feed 먹이를 주다 individual 개별적인, 개인의
need 필요성, 필요 nature 성격, 본질

05

정답 X (has known → has been known)

해석 그녀는 경력 내내 주로 정치 만화가로 알려져 왔다.

해설 주어인 그녀가 정치 만화가로 '알려진' 것이며, know가 타동사로 쓰였는데 뒤에 목적어도 없으므로 수동태로 쓰는 것이 적절하다. 따라서 has known을 has been known으로 고쳐야 한다.

어휘 primarily 주로   career 경력, 직업

06

정답 X (copy → to copy)

해석 우리는 대본을 복사하게 되어 있었다.

해설 사역동사가 수동태로 사용될 경우 목적격 보어인 동사원형 copy the script는 to 부정사가 되어 수동태 동사 뒤에 남아야 하므로 copy를 to copy로 고쳐야 한다.

07

정답 O

해석 막대한 연구 자금이 교육부에 의해 지역 사립대학교에 주어졌다.

해설 give는 3형식과 4형식으로 모두 사용할 수 있지만, 직접 목적어가 주어인 수동태 문장으로 바뀔 때는 간접 목적어 앞에 전치사 to를 반드시 써야 한다. 따라서 was given to가 올바르게 쓰였다.

어휘 fund 자금, 기금   private 사립의   university 대학교
Ministry of Education 교육부

08

정답 X (was watching → was watched)

해석 그 경기는 경기장 밖에서 커다란 화면으로 시청되었다.

해설 문맥상 '그 경기가 시청되다'라는 의미의 수동 관계가 되어야 자연스러우므로 능동태 was watching을 수동태 was watched로 고쳐야 한다.

어휘 stadium 경기장

09

정답 X (is suffered from → suffers from)

해석 온 가족이 독감으로 고통받았다.

해설 suffer가 '고통받다'라는 의미로 쓰일 경우, 뒤에 전치사 from과 함께 자동사의 형태로 사용된다. 목적어가 존재하지 않으므로 suffer는 수동태로 쓰일 수 없다. 따라서 is suffered from을 suffers from으로 고쳐야 한다.

어휘 suffer from ~으로 고통받다, 고생하다   flu 독감

10

정답 X (has been protected → has protected)

해석 아스완하이댐은 이웃 국가들의 기근으로부터 이집트를 보호해 왔다.

해설 타동사 protect 다음에 Egypt라는 목적어가 있으므로 능동 관계이다. 따라서 has been protected를 has protected로 고쳐야 한다.

어휘 famine 기근   neighboring 이웃의, 인접한

11

정답 X (will be appeared → will appear)

해석 이 발표는 학생 신문에 실릴 것이다.

해설 자동사 appear는 목적어를 취하지 않으므로 will be appeared를 will appear로 고쳐야 한다.

어휘 announcement 발표   appear (신문 등에) 실리다, 출판되다

12

정답 O

해석 직원들은 전문 도서관에서 실질적 정보를 제공받는다.

해설 수여동사의 4형식 문장에서 간접 목적어를 주어로 하는 수동태 문장으로 고칠 경우 직접 목적어는 그대로 써 준다. 간접 목적어 The workers가 주어이므로 are offered가 올바르게 쓰였다.

어휘 practical 실질적인, 실용적인

13

정답 O

해석 그들의 예술 작품들은 모래 그림이라 불린다.

해설 동사 call은 5형식 불완전 타동사로 목적어와 목적격 보어를 취한다. 5형식 구문을 수동태로 바꿀 경우 목적격 보어는 그대로 써주어야 한다. sand paintings가 목적어가 아닌 목적격 보어로 올바르게 쓰였다.

어휘 artwork 예술 작품

14

정답 X (was consisted of → consisted of)

해석 그 그룹은 10명으로 구성되었다.

해설 자동사 consist는 수동태로 쓸 수 없는 동사이므로 was consisted of를 consisted of로 고쳐야 한다.

어휘 consist of ~으로 구성되다

15

정답 X (robbed → was robbed)

해석 나의 가장 가까운 친구들 중 한 명은 작년에 나폴리에 머무는 동안 그녀의 배낭을 도둑맞았다.

해설 과거 시제와 자주 함께 쓰이는 'last + 시간 표현(year)'이 왔고, 주어 One of my closest friends와 동사가 '친구들 중 한 명이 도둑맞다'라는 의미의 수동 관계이므로 robbed를 수동태 was robbed로 고쳐야 한다.

어휘 rob 도둑질하다

16

정답 X (referred as → referred to as)

해석 20세기의 아마 가장 뛰어난 핵물리학자였던 J. 로버트 오펜하
이머는 흔히 "원자폭탄의 아버지"라고 불린다.

해설 '~이라고 불리다'라는 의미의 'refer to A as B'의 형태가 수
동태로 바뀌면 'A be referred to as B'로 써야 한다. 따라서
referred as를 referred to as로 고쳐야 한다.

어휘 brilliant 뛰어난 nuclear physicist 핵물리학자
atomic bomb 원자폭탄

Unit 03 동사의 시제

레벨 UP TEST
p.40

01

정답 X (I've → I)

해설 two years ago라는 명백한 과거 시점 표현이 나왔으므로 동
사는 과거시제로 쓰여야 한다. 따라서 I've(have)를 I로 고쳐야
한다.

02

정답 O

해설 현재의 습관을 나타내고 있으므로 현재 시제 washes가 올바
르게 쓰였다. 참고로 every other day는 '이틀에 한 번, 하루
걸러'라는 뜻이다.

어휘 every other day 이틀에 한 번, 하루 걸러

03

정답 O

해석 나는 눈을 감자마자 그녀를 생각하기 시작했다.

해설 '~하자마자 –했다'라는 의미의 'Hardly + had + 주어 + p.p.
~ when + 주어 + 과거동사' 구문이 올바르게 쓰였다.

04

정답 O

해설 현재진행 시제가 미래 시제를 대신해서 올바르게 쓰였다. 참고
로 aim은 목적어 자리에 to 부정사를 취한다.

어휘 aim ~을 목표로 하다

05

정답 X (I have finishing → had I finished)

해설 '~하자마자 –했다'라는 의미를 가지는 구문으로는 'No
sooner + had + 주어 + p.p. ~ than + 주어 + 과거동사'를
사용한다. 따라서 I have finishing을 had I finished로 고쳐
야 한다.

06

정답 O

해석 나는 대만에서 태어났지만, 일을 시작한 이후로는 한국에서 살
아왔다.

해설 현재완료 시제와 자주 함께 쓰이는 시간 표현 'since + 시간 표
현(since I started work)'이 왔으므로, 현재완료 시제 have
lived가 올바르게 쓰였다.

07

정답 X (came → come)

해석 당신이 여기 돌아올 때쯤이면, 그녀는 자기 나라로 떠났을 것이다.

해설 시간을 나타내는 부사절인 By the time 다음에 현재 시제가
쓰이면 주절에는 미래완료 시제가 오므로 came을 come으로
고쳐야 한다.

08

정답 O

해석 비가 심하게 오기 시작했을 때 우리는 약 30분 동안 테니스를
치고 있었다.

해설 문맥상 '우리는 약 30분 동안 테니스를 치고 있었다'라는 의미
가 되어야 자연스러운데, '테니스를 치는 것'이 비가 오기 시작
하기 이전부터 비가 오기 시작한 과거의 시점까지 계속 진행 중
이었음을 나타내고 있다. 따라서 과거완료 진행 시제 'd(had)
been playing이 올바르게 쓰였다.

09

정답 O

해석 그는 나를 보자마자 달아났다.

해설 '~하자마자 –했다'는 시제 표현인 'No sooner had + 주어 +
p.p. ~ than + 주어 + 과거 시제'로 써야 하므로 No sooner
had he seen me than he ran away가 올바르게 쓰였다.

10

정답 X (have said → said)

해석 어젯밤 경찰은 그들이 행방불명된 소녀를 찾았다고 말했다.

해설 과거 시제와 자주 함께 쓰이는 'last + 시간 표현'(Last night)
이 왔으므로, 현재완료 시제 have said를 과거 시제 said로 고
쳐야 한다.

11

정답 O

해설 현재완료 시제와 자주 함께 쓰이는 시간 표현 'since + 과거
시간 표현'(since I retired)이 왔고, '은퇴 후부터 내내 이 일을
해오고 있다'라는 과거에서 시작된 일이 현재까지 계속되는 것
을 표현하고 있다. 따라서 현재완료 진행 시제 I have been

doing이 올바르게 쓰였다.

어휘 retire 은퇴하다

12

정답 O

해석 수년 동안, 화장품 회사들은 여성들에게 아름다움이 성공의 비결이라고 말해왔다.

해설 현재완료 시제와 함께 쓰이는 표현인 For years로 수년 동안 계속 말해오고 있는 것을 나타내고 있으므로 현재완료 진행 시제 have been telling이 올바르게 쓰였다.

어휘 beauty 아름다움 secret 비결, 비밀 success 성공

13

정답 O

해석 그녀는 한 달 전에 받은 건강 검진 결과를 확인하기 위해 내일 가족 주치의를 만날 것이다.

해설 현재진행형은 미래를 나타내는 시간 부사와 함께 확정된 일을 언급할 때 미래 시제를 대신해서 쓸 수 있다. 미래 시간 부사 tomorrow와 함께 '가족 주치의를 만나다'라는 확정된 미래의 일을 의미하는 is seeing이 올바르게 쓰였다. 참고로, the medical check-up과 she 사이에는 목적격 관계대명사 that이 생략되었으며, a month ago라는 과거 특정 시점 표현이 나왔으므로 과거 시제인 had도 올바르게 쓰였다.

어휘 medical check-up 건강 검진

14

정답 O

해석 우리가 그곳에 도착하자마자 눈이 내리기 시작했다.

해설 주절에 Scarcely가 오고 종속절에 when이 오는 경우 주절에는 과거완료 시제를 사용하고 종속절에는 과거 시제를 사용하므로 Scarcely had we reached there when it began이 올바르게 쓰였다. 참고로, 부정을 나타내는 부사(Scarcely)가 강조되어 절의 맨 앞에 나오면 주어와 조동사가 도치되어 '조동사 + 주어 + 동사'의 어순으로 써야 한다.

15

정답 O

해석 만약 기차가 5분 이내로 떠나지 않는다면, 우리는 절대 그 회의에 갈 수 없을 것이다.

해설 조건을 나타내는 부사절(unless ~ minutes)에서는 미래 시제 대신 현재 시제를 사용하므로 현재 시제 leaves가 올바르게 쓰였다.

16

정답 X (will retire → retires)

해석 그가 다음 달에 은퇴하면, 우리는 그에게 선물을 줄 것이다.

해설 시간을 나타내는 부사절(When he ~ next month)에서는 미래를 나타내기 위해 미래 시제 대신 현재 시제를 써야 하므로 미래 시제 will retire를 현재 시제 retires로 고쳐야 한다.

17

정답 O

해석 그녀는 내 비서로 지난 3년간 일해왔고 훌륭한 직원이었습니다.

해설 현재완료 시제와 자주 함께 쓰이는 표현인 'for + 시간 표현 (for the last three years)'이 왔으므로 현재완료 시제 has worked가 올바르게 쓰였다.

어휘 secretary 비서 employee 직원

18

정답 O

해설 과거 시제와 자주 함께 쓰이는 표현 '시간 표현 + ago(a few days ago)'가 왔으므로 과거 시제 went가 올바르게 쓰였다. 또한, '배웅하기 위해'를 나타내기 위해 부사처럼 목적을 나타낼 수 있는 to 부정사구 to see off his friend가 올바르게 쓰였다.

19

정답 O

해설 '영화가 이미 시작한' 것은 '우리가 도착한' 특정 과거 시점보다 이전에 일어난 일이므로 과거완료 시제 had already started가 올바르게 쓰였다.

20

정답 O

해석 2014년에 중국의 러시아산 석유 수입이 36퍼센트만큼 급등했다.

해설 특정 과거 시점을 나타내는 표현(in 2014)이 왔으므로 이미 끝난 과거의 일을 나타내는 과거 시제 skyrocketed가 올바르게 쓰였다. 참고로, 문맥상 '36퍼센트만큼'이라는 의미가 되어야 자연스러우므로 '~만큼'이라는 의미를 나타내는 전치사 by가 올바르게 쓰였다.

21

정답 O

해석 경기가 시작하자마자 비가 내리기 시작했다.

해설 주절에 Hardly가 오고 종속절에 when이 오는 경우 주절에는 과거완료 시제를 사용하고 종속절에는 과거 시제를 사용하므로 Hardly had the game begun when it started가 올바르게 쓰였다. 부정을 나타내는 부사 Hardly가 문장의 맨 앞에 나오면 주어와 조동사가 도치되어 '조동사 + 주어 + 동사'의 어순으로 써야 한다.

레벨 UP TEST   p.50

01

정답 O

해설 the number of 뒤에는 '복수 명사 + 단수 동사'가 오므로 applicants is가 올바르게 쓰였다.

02

정답 O

해석 자동차 사고의 수가 증가하고 있다.

해설 The number of 뒤에 '복수 명사 + 단수 동사'가 오므로 accidents is가 올바르게 쓰였다.

03

정답 O

해석 곤충들은 종종 우리에겐 분명하지 않은 냄새에 이끌린다.

해설 관계대명사 that의 선행사가 scents이므로 관계사절의 동사 aren't의 수 일치도 올바르다. 참고로 주어인 곤충들이 냄새에 이끌리는 것이므로, 수동태인 are attracted도 올바르게 쓰였다.

어휘 attract 끌어들이다   scent 냄새   obvious 분명한

04

정답 X (has recently discarded → have recently been discarded)

해석 아이들이 일 년 내내 원했던 원했던 장난감들이 최근에 버려졌다.

해설 문장의 주어는 복수 명사인 Toys이므로 동사 has의 수 일치가 올바르지 않다. 또한 장난감이 '버리는' 것이 아니라 '버려지는' 것이므로, 능동태가 아닌 수동태를 써야 한다. 따라서 has recently discarded를 have recently been discarded로 고쳐야 한다.

어휘 discard 버리다

05

정답 X (were → was)

해석 이탈리아인 알렉산드로 볼타는 은, 구리와 아연의 조합이 전류 생성에 이상적이라는 것을 발견했다.

해설 문장의 주어가 단수 명사인 a combination이므로 복수 동사 were를 단수 동사 was로 고쳐야 한다.

어휘 combination 조합   silver 은   copper 구리   zinc 아연 ideal 이상적인   electrical current 전류

06

정답 X (was → were)

해석 회의에서 나온 대부분의 제안들은 별로 실용적이지 못했다.

해설 부분사인 most of가 주어 자리에 나오면 of 뒤 명사에 수 일치 해야 한다. suggestions가 복수 명사이므로 단수 동사 was를 복수 동사 were로 고쳐야 한다.

어휘 suggestion 제안   practical 실용적인, 현실적인

07

정답 O

해설 전체를 나타내는 표현(All of)을 포함한 주어는 of 뒤 명사에 동사를 수 일치시켜야 하는데, of 뒤에 불가산 명사 the information이 왔으므로 단수 동사 was가 올바르게 쓰였다.

08

정답 X (encourage → encourages)

해석 브로콜리의 표면에 있는 수분이 곰팡이의 증식을 촉진하기 때문에 보관하기 전에 브로콜리를 씻지 마라.

해설 주어 자리에 단수 취급하는 불가산 명사(moisture)가 왔으므로 복수 동사 encourage를 단수 동사 encourages로 고쳐야 한다. 주어와 동사 사이의 수식어 거품(on its surface)은 동사의 수 결정에 영향을 주지 않는다.

어휘 store 보관하다   moisture 수분   surface 표면 encourage 촉진하다, 장려하다   mold 곰팡이

09

정답 O

해설 두 개의 to 부정사구 To control the process와 (to) make improvement가 and로 연결되어 있어도 '과정을 관리하면서 발전시키는 것'이라는 하나의 대상을 의미하므로 단수 동사인 was가 올바르게 쓰였다.

어휘 process 과정   improvement 발전 objective 목표; 객관적인

10

정답 X (the number of → a number of)

해석 그는 1940년대에 일부 지역에서 많은 한국인들이 혹독한 환경에서 노동을 강요받았다는 것을 인정했다.

해설 that절의 동사 자리에 복수 동사 were가 왔으므로, that절의 주어 자리에도 복수 주어가 와야 한다. 따라서 단수 취급하는 수량 표현 the number of를 '많은'이라는 의미의 복수 취급하는 수량 표현 a number of로 고쳐야 한다.

어휘 acknowledge 인정하다   force ~을 강요하다   labor 노동 harsh 혹독한, 가혹한   condition 환경   location 지역

11

정답 X (is → are)

해석 대기에 자리 잡고 있는 것은 액체 상태의 물과 얼음 결정의 구름이다.

해설 분사인 Nestled가 보어로 문장의 맨 앞에 강조되어 주어와 동사가 도치된 구문이다. 주어 clouds of liquid water and ice crystals가 복수 명사이므로 단수 동사 is를 복수 동사 are로 고쳐야 한다.

어휘 nestle 자리 잡다   atmosphere 대기   liquid 액체

12

정답 O

해석 대기의 거의 99퍼센트는 지구 표면의 단지 30km 이내에 있다.

해설 부분사 percent는 of와 함께 사용되면 of 뒤에 위치한 명사에 수 일치해야 한다. of 뒤 명사 the atmosphere는 단수 명사이므로 단수 동사 lies가 올바르게 쓰였다.

어휘 within 이내에   mere 단지   surface 표면

13

정답 X (need → needs)

해석 모든 가구는 각자의 임무를 다해야 한다.

해설 'every + 불가산 명사'가 주어 자리에 나오면 단수 동사를 써야 하므로, 복수 동사 need를 단수 동사 needs로 고쳐야 한다.

어휘 pull one's weight 자기 임무를 다하다

14

정답 O

해석 많은 부주의한 보행자들이 도로 위에서 사망했다.

해설 '많은'이라는 의미는 'many a + 단수 명사 + 단수 동사'로 써야 하므로 단수 동사 was가 올바르게 쓰였다. 또한 kill의 대상인 목적어가 없으므로 수동태인 was killed도 올바르게 쓰였다.

어휘 careless 부주의한   walker 보행자

15

정답 O

해석 작년에 이 지역에서만 자동차의 10분의 1이 도난당했다.

해설 주어가 '분수 + of + 명사'의 형태일 경우 of 뒤 명사에 수 일치해야 한다. 복수 명사 automobiles가 있으므로 복수 동사인 were가 올바르게 쓰였다. 또한, 과거 시제와 함께 쓰이는 last year가 있으므로 were stolen도 올바르게 쓰였다.

어휘 automobile 자동차   district 지역

16

정답 X (The number of → A number of)

해설 The number of는 '~의 수'라는 의미이므로 '많은'이라는 의미의 A number of로 고쳐야 한다.

어휘 keep abreast of ~에 뒤떨어지지 않다   development 발전   medicine 의학, 약품

17

정답 X (try → tries)

해석 많은 학생들이 그 시험에 통과하려고 노력한다.

해설 'many a + 단수 명사'가 주어 자리에 오면 단수 동사를 사용해야 하므로 복수 동사 try를 단수 동사 tries로 고쳐야 한다.

18

정답 X (was late → were late)

해석 교통사고가 있었기 때문에 많은 사람들이 직장에 늦었다.

해설 '많은'이라는 의미는 'a number of + 복수 명사 + 복수 동사'로 써야 하므로 was late를 were late로 고쳐야 한다.

어휘 traffic accident 교통사고

19

정답 X (are → is)

해석 시행착오는 우리 지식의 원천이다.

해설 trial and error는 '시행착오'라는 단일 개념이므로 복수가 아닌 단수 취급을 해야 한다. 따라서 복수 동사 are를 단수 동사 is로 고쳐야 한다.

어휘 trial and error 시행착오   source 원천   knowledge 지식

20

정답 X (seem → seems)

해석 착오가 있었던 것 같은데, 제 이름이 명단에 없어요.

해설 There가 앞에 나오면 '동사 + 주어'의 어순으로 도치되는데 주어 a mistake가 단수 명사이므로 단수 동사를 써야 한다. 따라서 복수 동사 seem을 단수 동사 seems로 고쳐야 한다.

Unit 05 조동사

레벨 UP TEST
p.58

01

정답 O

해석 나는 오늘 아침에 갔어야 했는데, 몸이 좀 안 좋았다.

해설 'should have p.p.'는 '~했어야 했다(그런데 하지 않았다)'라는 의미로, but 뒤의 내용(하지 않은 이유)을 보았을 때 문맥상

올바르게 쓰였다.

어휘 ill 몸이 안 좋은, 아픈

02

정답 O

해석 요즘 우리는 예전에 했던 것만큼 많은 돈을 저축하지 않는다.

해설 'used to 동사원형'은 현재는 하지 않는 과거의 습관을 나타내는 '(~하곤) 했다'라는 의미의 표현이므로 문맥상 올바르게 쓰였다. 참고로 used to 뒤에 앞에 나온 save가 생략된 형태이다.

03

정답 O

해석 그 중개인은 그녀에게 즉시 주식을 사라고 추천했다.

해설 recommend와 같은 주장/요구/제안/명령 동사가 당위성의 의미를 지니는 that절을 목적어로 취할 때, that절 내의 동사는 '(should) + 동사원형'으로 표현한다. 따라서 buy가 올바르게 쓰였다.

어휘 immediately 즉시

04

정답 O

해설 had better는 '~하는 편이 낫다'라는 뜻의 구조동사로 뒤에 동사원형 take가 올바르게 쓰였다. 참고로 '~의 경우에 대비하여'라는 뜻의 조건 접속사 in case (that)가 쓰였으며, 조건절 내에서 미래시제를 대신하는 현재시제 rains도 올바르게 쓰였다.

05

정답 O

해설 'have no alternative but to 동사원형'은 '~하는 것 외에는 대안이 없다'라는 관용 표현으로 올바르게 쓰였다.

어휘 resign 사임하다

06

정답 O

해설 'cannot ~ too/enough'는 '아무리 ~해도 지나치지 않다'라는 의미로 쓰였고, crossing의 주어는 주절의 주어인 Children과 같아 생략되었다. 따라서 cannot be too careful when crossing이 올바르게 쓰였다.

07

정답 O

해석 내가 그녀를 처음 만났을 때, 나는 그녀와 사랑에 빠질 수밖에 없었다.

해설 '~할 수밖에 없다'는 조동사 관련 숙어 'cannot(couldn't) (help) but + 동사원형'의 형태로 나타낼 수 있으므로 couldn't help but fall이 올바르게 쓰였다.

08

정답 X (loving → love)

해석 그들은 어렸을 때 책을 훨씬 더 사랑하곤 했다.

해설 'used to + 동사원형'은 '~하곤 했다'라는 의미로 과거의 습관이나 사실을 나타내는 조동사이다. used to 뒤에는 동사원형이 나와야 하므로 동명사 loving을 love로 고쳐야 한다.

09

정답 O

해설 의무를 나타내는 동사 command가 주절에 나오면 종속절에는 '(should) + 동사원형'이 와야 하므로, 종속절에 동사원형 cease가 올바르게 쓰였다.

어휘 committee 위원회 command 명하다, 명령하다
construction 건설 cease 중단되다

10

정답 X (was → (should) be)

해석 그 판사는 죄수가 재구속되어야 한다고 명령했다.

해설 명령을 나타내는 동사인 order의 목적어로 that절이 오면 that절의 동사는 '(should) + 동사원형'이 되어야 한다. 따라서 was를 (should) be로 고쳐야 한다.

어휘 judge 판사 order 명령하다 prisoner 죄수, 재소자
remand 재구속하다, 송환하다

11

정답 X (was not closed → (should) not be closed)

해석 시민들은 파출소를 폐쇄하지 말 것을 요구했다.

해설 주장/요구/제안/명령 동사의 목적어로 that절이 올 때 종속절의 동사는 '(should) + 동사원형'으로 써야 한다. demand가 '요구'를 나타내는 동사이므로 종속절의 동사 was not closed는 (should) not be closed로 고쳐야 한다.

어휘 citizen 시민 demand 요구하다

12

정답 X (turning → turn)

해석 그녀가 슬픔에 잠길 때면, 그녀는 창문 쪽으로 기대곤 했다.

해설 과거의 습관이나 상태를 나타낼 때는 'used to + 동사원형'을 써야 하므로 turning을 turn으로 고쳐야 한다.

어휘 sorrowful 슬픈 toward ~의 쪽으로

13

정답 O

해설 '길러 놓았어야만 했다'는 조동사 관련 표현 'ought to have p.p.'를 사용하여 나타낼 수 있으므로 ought to have formed 가 올바르게 쓰였다.

14

정답 O

해석 이상적인 사회는 언론이 절대적인 확실성에 도달할 때까지 아무것도 인쇄하지 말라고 요구할지도 모른다.

해설 요청을 나타내는 동사 demand가 주절에 나오면 종속절에는 '(should) + 동사원형'이 와야 하므로 동사원형 print가 올바르게 쓰였다.

어휘 utopian society 이상적인 사회 demand 요구하다
the press 언론 absolute 절대적인 certainty 확실성

15

정답 X (being → be)

해석 60년대의 컴퓨터는 너무 커서 많은 공간을 차지하곤 했다.

해설 과거의 습관이나 상태를 나타낼 때는 'used to + 동사원형'을 써야 하므로 being을 be로 고쳐야 한다.

어휘 take up 차지하다

16

정답 O

해석 오염물질은 그 자체로 반드시 해롭다고 할 수 없다.

해설 need는 조동사와 일반동사로 모두 쓰인다. 조동사로 쓰일 경우 동사원형이 바로 이어 나오고 일반동사로 쓰일 때는 to 부정사를 목적어로 취한다. 동사 need에 not이 바로 붙은 것으로 볼 때 조동사로 쓰인 것이므로 뒤에 동사원형인 be가 올바르게 쓰였다.

어휘 pollutant 오염물질 harmful 해로운

17

정답 O

해석 남자에 대한 여자의 복종이라는 동양 사상이 그 당시에 만연했기 때문에, 그녀는 감히 대등하게 남자들을 만나지 못했다.

해설 '감히 ~했다'는 조동사 관련 표현 'dare + 동사원형'을 사용하여 나타낼 수 있으므로 dared not meet이 올바르게 쓰였다.

어휘 Oriental idea 동양 사상 subordination 복종, 순종
prevail 만연하다 dare 감히 ~하다 equal 대등한, 동등한

18

정답 X (to take → take)

해석 우리가 서둘러 그곳에 가야 하기 때문에, 우리는 택시를 타는

게 좋겠다.

해설 '~하는 게 좋겠다'는 조동사 관련 표현 'had better + 동사원형'으로 나타낼 수 있으므로 to take를 take로 고쳐야 한다.

19

정답 X (stays → stay)

해석 그녀는 저녁 식사를 위해 그가 더 오래 머물 것을 요청했다.

해설 주절에 요구를 나타내는 동사 request가 오면 종속절에는 '(should) + 동사원형'이 와야 하므로 stays를 stay로 고쳐야 한다.

어휘 request 요청하다

20

정답 X (will be → be)

해석 그 선생님은 모든 사람이 아홉 시에 교실에 있을 것을 요구한다.

해설 주절에 요구를 나타내는 동사 demand가 오면 종속절에는 '(should) + 동사원형'이 와야 하므로 will be를 be로 고쳐야 한다.

어휘 demand 요구하다

21

정답 X (are used to sleep → used to sleep)

해석 이 건설 현장에 있는 건물들에 살면서 1,000명이 넘는 근로자들이 한 지하실에서 잠을 자곤 했다.

해설 문맥상 '~하곤 했다'는 to 부정사 관용 표현 'used to + 동사원형'으로 나타낼 수 있으므로 are used to sleep을 used to sleep으로 고쳐야 한다.

어휘 construction 건설 site 현장, 부지 basement 지하실

22

정답 X (live → living 또는 is used to live → used to live)

해석 그녀는 혼자 사는 데 익숙하다. / 그녀는 혼자 살곤 했다.

해설 '~에 익숙하다'라는 의미의 조동사 관용 표현 'be used to + -ing'를 써야 한다. 따라서 live를 living으로 고쳐야 한다. 만약 '그녀는 혼자 살곤 했다'라는 의미로 쓸 경우 is used to live를 used to live로 고쳐야 한다.

23

정답 X (finishes → finish)

해석 나는 그가 보고서 만드는 것을 빨리 끝낼 것을 추천했다.

해설 주절에 제안을 나타내는 동사 recommend가 오면 종속절에는 '(should) + 동사원형'이 와야 하므로 finishes를 finish로 고쳐야 한다.

어휘 recommend 추천하다, 권고하다

Unit 06 가정법

레벨 UP TEST

p.66

01

정답 O

해설 주어진 한글 해석에 따르면 '좀 더 능숙하고 경험 많은 선생님이었다면 그를 달리 대했을 것'이라며 과거 사실의 반대를 가정하고 있으므로, 가정법 과거완료를 나타내는 '조동사 과거형 + have p.p.'가 올바르게 쓰였다. 또한 형용사 skillful과 experienced가 등위접속사 and로 병렬되어 뒤의 명사 teacher를 올바르게 수식하고 있다.

02

정답 O

해석 네가 무엇을 하려는지 알았더라면, 내가 너를 말렸을 텐데.

해설 'Had + 주어 + 과거분사'는 가정법 과거완료가 if 생략으로 도치된 문장이다. 따라서 주절에 'would + have + 과거분사'가 올바르게 쓰였다.

어휘 realize 깨닫다 intend ~을 의도하다

03

정답 X (were there → had there been)

해석 Rachel은 그녀의 상사들에게 매우 깊은 인상을 주어서 만약 공석이 있었다면, 그들은 그녀를 즉시 승진시켰을 것이다.

해설 주절에 'would have p.p.'가 와서 가정법 과거완료임을 알 수 있다. if를 생략하여 주어와 동사가 도치된 '동사 + 주어'의 어순으로 써야 하므로 were there를 had there been으로 고쳐야 한다.

어휘 impress 깊은 인상을 주다 superior 상사, 상급자 promote 승진시키다 immediately 즉시

04

정답 X (haven't lost → hadn't lost)

해설 '열쇠를 잃어버리지 않았더라면 모든 것이 괜찮았을 텐데'는 과거의 상황을 반대로 가정하는 가정법 과거완료를 사용해 나타낼 수 있다. 가정법 과거완료는 'If + 주어 + had p.p., 주어 + would + have p.p.'의 형태로 나타내므로 haven't lost를 hadn't lost로 고쳐야 한다.

05

정답 O

해석 만약 그녀가 어제 집에 있었더라면, 나는 그녀를 방문했을 텐데.

06

정답 X (will use → had used)

해석 내가 나의 상상력을 더 일찍 발휘했더라면 좋았을 텐데.

해설 earlier로 미루어 보아, 과거에 일어난 일임을 알 수 있다. 과거 사실에 대한 아쉬움을 표현하는 'I wish 가정법'은 가정법 과거완료 시제인 'I wish + 주어 + had + p.p.'의 형태로 나타내므로 will use를 had used로 고쳐야 한다.

어휘 imagination 상상력

07

정답 O

해석 만약 내가 Sarah의 파티에 참석하지 않는다면 그녀는 기분이 상할 텐데.

해설 문맥상 '내가 Sarah의 파티에 참석하지 않는다면'이라는 의미로 현재 상황의 반대를 가정하고 있다. 주절에 가정법 과거 '주어 + would + 동사원형'의 형태인 Sarah would be offended가 왔고 if절에도 가정법 과거를 만드는 'If + 주어 + 과거 동사'를 써야 하므로 if I didn't go가 올바르게 쓰였다.

어휘 offend 기분이 상하다

08

정답 X (take place → have taken place)

해석 만약 히틀러가 다른 유럽 국가들을 침략하지 않았다면, 제2차 세계 대전은 발생하지 않았을 텐데.

해설 과거 상황의 반대를 가정하고 있으므로 가정법 과거완료를 써야 한다. 가정법 과거완료는 'If + 주어 + had p.p.~, 주어 + 조동사의 과거형 + have p.p.'의 형태로 나타내므로 take place를 have taken place로 고쳐야 한다.

어휘 invade 침략하다 take place 발생하다, 일어나다

09

정답 O

해석 내가 너의 충고를 따랐더라면, 나는 지금 매우 건강할 텐데.

해설 now라는 단서를 통해 혼합 가정법임을 알 수 있다. 혼합 가정법은 'If + 주어 + had p.p., 주어 + would + 동사원형'의 형태로 나타내므로 had followed와 would be가 올바르게 쓰였다.

10

정답 O

해석 네가 나의 조언을 따랐었더라면, 너는 지금 더 행복할 텐데.

해설 If절에 과거 상황을 반대로 가정하는 가정법 과거완료 had followed가 왔지만, 빈칸이 있는 주절에서는 현재임을 나타내는 시간 표현 now가 현재 상황의 반대를 표현하고 있으므로, 혼합 가정법을 통해 나타낼 수 있다. 혼합 가정법은 'If + 주어 + had p.p., 주어 + would + 동사원형'의 형태로 나타내므로 had followed와 would be가 올바르게 쓰였다.

11

정답 O

해설 '마치 자신이 미국 사람인 것처럼'은 현재 사실을 반대로 가정하는 as if 가정법 과거를 사용하여 나타낼 수 있다. as if 가정법 과거는 '주어 + 동사 + as if + 주어 + 과거 동사'의 형태로 나타내므로, He speaks ~ as if he were ~이 올바르게 쓰였다.

어휘 fluently 유창하게

12

정답 O

해설 '만일 내일 비가 온다면'은 조건을 나타내는 부사절 접속사 if를 사용하여 나타낼 수 있고, 조건을 나타내는 부사절에서는 미래를 나타내기 위해 현재 시제가 미래 시제를 대신하므로 If it rains tomorrow가 올바르게 쓰였다.

13

정답 X (was not for → had not been for / be discovered → have been discovered)

해설 '뉴턴이 없었다면 중력 법칙은 발견되지 않았을 것이다'는 과거의 사실을 반대로 가정하는 가정법 과거완료를 사용하여 나타낼 수 있다. 가정법 과거완료는 'If + 주어 + had p.p., 주어 + would + have p.p.'의 형태로 나타내므로 was not for는 had not been for로, be discovered는 have been discovered로 고쳐야 한다.

어휘 law of gravitation 중력 법칙 discover 발견하다, 찾다

14

정답 O

해석 그들이 내 명령을 따랐었더라면, 벌을 받지 않았을 것이다.

해설 가정법 과거완료의 if 생략에 의한 도치 문장은 'Had + 주어 + p.p., 주어 + 조동사의 과거형 + have p.p.'의 형태로 나타내므로 Had they followed ~, they would not have been punished가 올바르게 쓰였다.

어휘 follow 따르다 order 명령, 지시; 명령하다
punish 벌하다, 응징하다

15

정답 O

해석 Margaret은 해가 서쪽에서 뜬다고 하더라도 Fred를 다시 믿지 않을 것인데, 이는 그가 그녀에게 너무 많은 거짓말을 했기 때문이다.

해설 해가 서쪽에서 뜨는 것은 실현 불가능한 일이므로 가능성이 희박하거나, 실현 불가능한 일에 대한 가정은 가정법 미래를 사용하여 나타낼 수 있다. 가정법 미래는 'If + 주어 + should/were to + 동사원형, 주어 + wscm + 동사원형'의 형태로 나타내므로 were to가 올바르게 쓰였다.

16

정답 X (am → were)

해석 내가 그만큼 똑똑하면 좋을 텐데.

해설 현재 사실에 대한 아쉬움을 표현하므로 'I wish + 가정법 과거'를 써야 한다. 따라서 동사는 과거 시제가 되어야 한다. 가정법에서 be동사의 경우는 주어의 수와 인칭에 상관없이 were가 쓰이므로 am을 were로 고쳐야 한다.

어휘 intelligent 똑똑한, 총명한

17

정답 O

해석 해가 서쪽에서 뜬다 해도 나는 그의 제안을 받아들이지 않을 것이다.

해설 발생할 가능성이 매우 작은 미래를 가정할 때는 가정법 미래를 사용하여 나타낼 수 있다. 가정법 미래는 'If + 주어 + were to/should + 동사원형, 주어 + would + 동사원형'의 형태로 나타낸다. 특히 불가능한 미래의 일을 가정할 때 쓰는 were to가 올바르게 쓰였다.

18

정답 O

해석 너는 자러 가야 할 때이다.

해설 '~할 때이다'는 'It is high time + 가정법 과거'의 형태로 나타내므로 went가 올바르게 쓰였다.

Unit 07 준동사

레벨 UP TEST – to 부정사 / 동명사 p.76

01

정답 O

해석 프로젝트에 너무 많은 돈을 쓰지 않도록 계획해야 한다.

해설 plan은 뒤에 to 부정사를 취하는 동사이며, to 부정사의 부정형은 to 바로 앞에 위치시키므로 not to spend가 올바르게 쓰였다.

02

정답 O

해설 'end up -ing'는 '결국 ~하게 되다'라는 의미의 표현으로 올바르게 쓰였다.

어휘 medicine 의학   accounting firm 회계 회사

03

정답 O

해석 그녀는 언제나 도움을 줄 준비가 되어 있는 사람이다.

해설 'be ready to 부정사'는 '~할 준비가 되다'라는 관용 표현으로 올바르게 쓰였다. 참고로 주격 관계대명사 who의 선행사가 someone이므로 관계사절의 동사 is의 수 일치는 올바르다. 또한 lend는 3형식과 4형식으로 모두 사용할 수 있는데, 여기서는 3형식으로 쓰였다.

어휘 a helping hand 일손, 도움의 손길

04

정답 O

해설 'by no means'가 '결코 ~이 아니다'라는 의미로 올바르게 쓰였고, 난이 형용사 easy는 'It is easy + for + 의미상의 주어 + to 부정사'의 형태로 쓴다. 따라서 It is by no means easy for us to ~가 올바르게 쓰였다.

05

정답 X (arrived → arriving 또는 arrival)

해석 도착하자마자, 그는 새로운 환경을 최대한 이용했다.

해설 문맥상 '도착하자마자'라는 의미가 되어야 자연스러운데, '~하자마자'는 동명사 관련 표현 'upon -ing'를 사용하여 나타낼 수 있으므로 과거분사 arrived를 동명사 arriving으로 고쳐야 한다. 참고로, 명사 arrival(도착)을 사용해 Upon arrival로 고칠 수도 있다.

어휘 take advantage of ~을 이용하다   environment 환경

06

정답 O

해설 '~해 봐야 소용없다'는 동명사구 관용 표현 'It's no use -ing'를 사용하여 나타낼 수 있으므로 It is no use trying ~이 올바르게 쓰였다.

어휘 persuade 설득하다

07

정답 X (considered → considering)

해설 '~할 만하다'는 동명사 관련 표현 'be worth -ing'를 사용하여 나타낼 수 있으므로 과거분사 considered를 동명사 considering으로 고쳐야 한다.

어휘 consider 고려하다

08

정답 X (receive → receiving)

해석 나는 가능한 한 빨리 당신의 답장을 받기를 고대한다.

해설 '~을 고대하다'는 동명사 관련 표현 'look forward to -ing'로 나타낼 수 있으므로 동사원형 receive를 동명사 receiving으로 고쳐야 한다.

09

정답 X (hurting → to hurt)

해설 in order to나 so as to는 '~하기 위하여'라는 의미로 목적을 나타내는 부정사의 부사적 용법과 동일하다. 이때 to는 to 부정사이므로 뒤에 동사원형이 와야 한다. 따라서 동명사 hurting을 to 부정사 to hurt로 고쳐야 한다. 부정사의 부정은 to 앞에 not을 써서 나타낸다.

어휘 flu 독감

10

정답 X (electing → being elected)

해석 그의 이름에도 불구하고, Freddie Frankenstein은 지역 교육위원회에 선출될 좋은 기회를 가지고 있다.

해설 주어인 Freddie Frankenstein이 지역 교육위원회에 '선출될 기회'라는 의미의 수동 관계이므로 동명사의 능동형 electing을 수동형 being elected로 고쳐야 한다.

어휘 chance 기회   elect 선출하다   local 지역의, 현지의 school board 교육 위원회

11

정답 O

해석 당신은 오후나 하루 종일 진짜 경주용 자동차를 타고 경주로를 운전하면서 보낼 수 있다.

해설 spend는 동명사를 목적어로 취하는 동사로 'spend + 시간/돈 + (in) + -ing'를 사용하여 나타낼 수 있으므로 driving이 올바르게 쓰였다.

어휘 racetrack 경주로   genuine 진짜의, 진품의

12

정답 X (go → going)

해설 '~을 고대하다'는 동명사 관련 표현 'look forward to -ing'의 형태로 나타내므로 동사원형 go를 동명사 going으로 고쳐야 한다.

13

정답 O

해석 아버지는 딸이 문자 메시지를 보내는 데 하루에 몇 시간씩 쓰는 것으로 계산했다.

해설 '~하는 데 시간/돈을 쓰다'라는 의미는 'spend + 시간/돈 + (in) + -ing'를 사용하므로 spent hours a day texting이 올바르게 쓰였다.

어휘 calculate 계산하다 spend 쓰다, 사용하다

14

정답 X (running over → being run over)

해석 어젯밤에, 그녀는 차에 치일 뻔한 것으로부터 간신히 피했다.

해설 동명사의 의미상 주어 she와 동명사가 '그녀가 차에 치이다'라는 의미의 수동 관계이므로 동명사의 능동형 running over를 수동형 being run over로 고쳐야 한다.

어휘 escape 피하다, 탈출하다 run over ~을 치다

15

정답 O

해설 제시된 문장의 '(아무리 ~해도) 소용없다'는 'It is no use + -ing'의 형태를 사용해서 나타낼 수 있으므로, It is no use trying이 와야 한다. '~하려고 노력하다'는 동사 try 뒤에 목적어로 to 부정사가 온 'try + to 부정사'의 형태로 나타낼 수 있으므로 It is no use trying to deceive me가 올바르게 쓰였다.

어휘 deceive 속이다

16

정답 O

해석 나는 으레 배드민턴 치는 것을 즐긴다.

해설 '~하는 것을 규칙으로 삼다(으레 ~하다)'라는 의미의 표현 'make it a rule + to 부정사'가 올바르게 쓰였고, 동사 enjoy는 동명사를 목적어로 취하므로 make it a rule to enjoy playing이 올바르게 쓰였다.

17

정답 X (to read → reading)

해석 이 책은 신중하게 읽을 가치가 있다.

해설 '~할 가치가 있다'는 동명사 관련 표현 'be worth -ing'의 형태로 나타내므로 to 부정사 to read를 동명사 reading으로 고쳐야 한다.

어휘 worth ~의 가치가 있는 carefully 신중하게, 조심스럽게

18

정답 X (to pay → paying)

해설 '~에 익숙하다'는 동명사 관련 표현 'be accustomed to -ing'의 형태로 나타내므로 to 부정사 to pay를 동명사 paying으로 고쳐야 한다.

어휘 strategy 전략 appeal 겨냥하다, 관심을 끌다

bill 대금, 고지서

19

정답 X (for → of)

해석 네가 그런 짓을 하다니 어리석다.

해설 foolish는 사람의 성질을 나타내는 형용사이고, to 부정사의 의미상 주어는 전치사 of를 사용해야 하므로 for를 of로 고쳐야 한다.

20

정답 X (to work → working)

해석 내 남편은 자기의 프로젝트를 해결하느라 바빴다.

해설 '~하느라 바쁘다'는 동명사 관련 표현 'be busy -ing'의 형태로 나타내므로 to 부정사 to work를 동명사 working으로 고쳐야 한다.

21

정답 O

해석 A: 네 신발에 무슨 일이 생긴 거야?
B: 신발은 수선될 필요가 있어.

해설 want의 목적어로 동명사를 쓸 때 수동의 의미여도 'being p.p.'를 쓰지 않고 -ing로 쓴다. 따라서 신발이 수선된다는 의미의 mending이 올바르게 쓰였다.

어휘 mend 수선하다, 고치다

22

정답 X (to leave → of leaving)

해석 그들은 막 피서지를 떠나려던 참이었다.

해설 '막 ~하려던 참이다'는 'be on the verge of -ing' 또는 'be about to + 동사원형'의 형태로 쓴다. 따라서 to leave를 of leaving으로 고쳐야 한다.

어휘 summer resort 피서지

23

정답 O

해설 사람들이 믿는 것보다 그가 자살한 시점이 더 과거이므로 to 부정사의 완료형인 to have killed가 올바르게 쓰였다.

레벨 UP TEST - 분사   p.86

01

정답 O

해석 주문이 확인되면, 귀하의 주소로 배달 보내질 예정입니다.

해설 '확인하다'라는 뜻의 타동사인 confirm 뒤에 목적어가 없으며,

분사구문의 의미상 주어인 the order가 '확인하는' 것이 아니라 '확인되는' 것이므로 수동의 과거분사 confirmed가 올바르게 쓰였다.

02

정답 O

해석 여객선이 정시에 출발한다면, 우리는 아침쯤에 항구에 도착할 것이다.

해설 provided (that)이 '~한다면'이라는 뜻의 조건 부사절을 이끄는 분사형 부사절 접속사로 올바르게 쓰였다.

03

정답 O

해설 while 이하는 분사구문인데, 분사구문의 의미상 주어인 They가 차를 '마시는' 것이므로 능동의 현재분사 drinking이 올바르게 쓰였다.

04

정답 X (touching → touched)

해설 우리가 '감동하게 하는' 것이 아닌 '감동한(감동 받은)' 것이므로 touching을 수동의 과거분사 touched로 고쳐야 한다.

05

정답 X (while walking → while I walked)

해석 좁은 길을 걷다가 내 모자가 바람에 날아갔다.

해설 분사구문의 주어는 주절의 주어와 같은 경우에만 생략할 수 있다. 여기서 주절의 주어는 '내 모자'이고, 좁은 길을 걷는 것은 '내 모자'가 아닌 '나'이므로 주어가 달라서 생략할 수 없다. 따라서 while walking을 while I walked로 고쳐야 한다.

어휘 narrow 좁은

06

정답 O

해설 그녀가 커피 세 잔을 마신 시점이 잠을 이룰 수 없던 시점보다 이전이므로 Having drunk가 올바르게 쓰였다.

07

정답 O

해설 As she is a kind person이라는 부사절을 분사구문으로 바꾼 것이므로 Being a kind person이 올바르게 쓰였다. 참고로 Being은 생략이 가능하다.

08

정답 O

'모든 점이 고려된다면'이라는 의미의 표현인 All things considered가 올바르게 쓰였다.

어휘 qualified 자격이 있는

09

정답 X (crossing → crossed)

해설 부대 상황을 나타내는 'with + 목적어 + 목적격 보어' 형태의 분사구문이며, 다리를 '꼰' 것이므로 수동 관계이다. 따라서 crossing을 crossed로 고쳐야 한다.

어휘 raise 높이다, 올리다

10

정답 O

해석 Voltaic 전지라고 불리는 그 향상된 디자인은 몇몇 디스크를 쌓아서 만들어졌다.

해설 주어인 The enhanced design이 a Voltaic pile이라고 '불리는' 것이므로 과거분사로 쓴 called가 올바르게 쓰였다.

어휘 enhance 향상시키다, 높이다   stack 쌓다

11

정답 X (excited → exciting)

해석 그 소설은 너무 재미있어서 나는 시간 가는 줄 몰랐고 버스를 놓쳤다.

해설 감정을 나타내는 동사(excite)의 경우 주어가 감정의 원인이면 현재분사를, 감정을 느끼는 주체이면 과거분사를 써야 한다. 문맥상 '소설이 재미있었다'라는 의미로 주어 the novel이 감정의 원인이 되어야 하므로 과거분사 excited를 현재분사 exciting으로 고쳐야 한다.

어휘 novel 소설

12

정답 O

해석 쉬운 영어로 쓰여 있었기 때문에, 그 책은 많은 사람들에 의해 읽혔다.

해설 주절의 주어 the book과 분사구문이 '그 책이 쓰이다'라는 의미의 수동 관계이므로 과거분사 Written이 올바르게 쓰였다. 또한, 주절의 주어와 동사가 '그 책이 읽히다'라는 의미의 수동 관계이므로 수동태 동사 has been read도 올바르게 쓰였다.

어휘 plain 쉬운, 꾸밈이 없는

13

정답 X (excited → exciting)

해석 크리스마스 파티가 매우 즐거워서 나는 완전히 시간 가는 줄 몰랐다.

해설 감정을 나타내는 동사(excite)의 경우 주어가 감정을 일으키는

원인인 경우에는 현재분사로, 주어가 감정을 느끼는 대상인 경우에는 과거분사로 표현한다. 크리스마스 파티는 흥미를 유발하는 사건이므로 과거분사 excited를 현재분사 exciting으로 고쳐야 한다.

14

정답 X (sat → sitting)

해설 수식받는 명사(the girl)와 분사가 '앉아 있는 그 소녀'라는 의미의 능동 관계이므로 과거분사 sat을 현재분사 sitting으로 고쳐야 한다.

15

정답 O

해석 이탈리아의 제노바에서 태어난 피콜로 파가니니는 19세기의 위대한 작곡가 중 한 명이었다.

해설 피콜로 파가니니가 태어났다는 의미의 수동 관계이므로 Born이 올바르게 쓰였다.

16

정답 X (seeing → seen)

해석 카멜레온의 위장은 매우 효과적이다. 그 결과, 멀리서 보면, 그것은 주변 환경과 구별하기 어렵다.

해설 주절의 주어 it과 분사구문이 '그것이 보이다'라는 의미의 수동 관계이므로 현재분사 seeing을 과거분사 seen으로 고쳐야 한다.

어휘 camouflage 위장, 속임수   effective 효과적인
indistinguishable 구별하기 어려운

17

정답 X (disappointing → disappointed)

해석 그는 시험 결과에 실망했다.

해설 감정을 나타내는 동사(disappoint)의 경우 주어가 감정의 원인이면 현재분사를, 감정을 느끼는 주체이면 과거분사를 써야 한다. 주어 He가 실망감을 느끼는 것이므로, 현재분사 disappointing을 과거분사 disappointed로 고쳐야 한다.

어휘 disappoint 실망하다

18

정답 X (Being → It being)

해설 분사구문과 주절의 주어가 일치하지 않으면 분사구문의 주어를 그대로 남겨두어야 한다. 분사구문(Being cold outside)의 주어가 날씨를 나타내는 비인칭 주어 it으로 주절의 주어 I와 일치하지 않는다. 따라서 Being을 It being으로 고쳐야 한다.

19

정답 O

해석 이것은 함께 걸어가는 커플의 사진이다.

해설 명사 couple이 함께 걸어간다는 의미의 능동 관계이므로 현재분사 walking이 올바르게 쓰였다.

20

정답 X (bored → boring)

해설 감정을 나타내는 동사(bore)의 경우 주어가 감정의 원인이면 현재분사를, 감정을 느끼는 주체이면 과거분사를 써야 한다. 주어진 문장의 '그 영화가 너무 지루하다'에서 주어 The movie가 지루함을 느끼게 하는 원인이므로 과거분사 bored를 현재분사 boring으로 고쳐야 한다.

21

정답 O

해석 그를 이전에 만난 적이 없어서, 나는 그를 모른다.

해설 분사구문의 부정은 분사구문 바로 앞에 나와야 하므로 Not having met이 올바르게 쓰였다. 또한 시간의 부사인 before를 써서 주절보다 이전이라는 의미가 명확하므로 주절의 시제보다 앞선 시제를 표현하는 완료 분사구문 'having p.p.' 형태 having met도 올바르게 쓰였다.

22

정답 O

해석 나의 아파트로 돌아왔을 때, 나는 나의 시계가 없어진 것을 발견했다.

해설 주절의 주어인 I가 아파트로 돌아온 것이라는 의미의 능동 관계이므로 현재분사 Returning이 올바르게 쓰였다. 또한 동사 find의 목적격 보어 자리에 '사라진, 분실된'이라는 의미의 missing도 올바르게 쓰였다.

23

정답 X (Comparing → Compared)

해석 그의 여동생과 비교했을 때, 그녀는 그렇게 예쁘지 않다.

해설 비교된다는 의미의 수동 관계이므로 과거분사를 써야 한다. 타동사 compare 뒤에 목적어가 없는 것으로도 수동형이 와야 함을 알 수 있다. 따라서 현재분사 Comparing을 과거분사 Compared로 고쳐야 한다.

24

정답 X (supported → supporting)

해석 이상하게 보일 수도 있지만, 사하라 사막은 한때 아프리카 평원과 관련된 동물의 생태를 지탱하는 넓게 트인 목초지였다.

해설 수식 받는 명사(an expanse of grassland)와 분사가 '넓게 트인 목초지가 지탱하다'라는 의미의 능동 관계이므로 과거분

정답·해석·해설

해커스공무원 비비안 영어 문법 실전 동형모의고사

사 supported를 현재분사 supporting으로 고쳐야 한다. 수식받는 명사(animal life)와 분사가 '동물의 생태와 관련되다'라는 의미의 수동 관계이므로 과거분사 associated with는 올바르게 쓰였다.

어휘 expanse 넓게 트인 지역 grassland 목초지, 초원
support 지탱하다 associated 관련된 plain 평원, 평지

25

정답 O

해석 그 노인은 그렇게 하도록 허락받을 때까지 그의 아들을 보지 못했다.

해설 'until he was allowed ~'라는 부사절에서 접속사 뒤의 주어가 주절의 주어와 같고 동사가 be동사인 경우 주어와 be동사는 생략 가능하므로 until allowed가 올바르게 쓰였다. 또한, 의미상 '~까지'라는 시간을 나타내는 부사절 접속사 until이 바르게 사용되었고 allow는 to 부정사를 목적격 보어로 취하는 불완전 타동사이므로 목적격 보어인 to do so도 올바르게 쓰였다.

26

정답 X (rode → riding)

해석 내 아내와 나는 언젠가 자전거에 손을 올리지 않고 타고 있는 남자를 지나쳐 운전한 적이 있다.

해설 rode는 앞에 있는 명사인 a young man을 수식하는 분사이다. 의미상 '자전거를 타고 있는'이라는 의미의 능동 관계이므로 과거분사 rode를 현재분사 riding으로 고쳐야 한다.

27

정답 O

해석 해가 져서, 우리는 그들을 찾는 것을 포기했다.

해설 해가 먼저 졌고, 그 이후에 찾는 것을 그만둔 것이기 때문에 having set이 올바르게 쓰였다. 주절의 주어와 부사절의 주어가 달라서 The sun을 그대로 두었으며 give up은 동명사를 취하므로 The sun having set, we gave up looking for them이 올바르게 쓰였다.

28

정답 O

해석 현재 상황을 고려해 봤을 때, 우리는 그 섬을 침략하는 것 말고는 다른 선택권이 없다.

해설 given은 '~을 고려하여'라는 의미로 주어와 상관없이 given을 사용하므로 Given the existing situation이 올바르게 쓰였다.

어휘 invade 침략하다

레벨 UP TEST p.106

01

정답 X (because of → because)

해석 당신이 지금 읽고 있는 책의 많은 장점 중 하나는, 저자가 집필하면서 심리학에 대한 자신의 접근 방식을 정리하고 있었기에 매우 복잡한 작품인 <Maps of Meaning>으로의 진입점을 제공한다는 점이다.

해설 전치사 because of 뒤에는 명사(구)가 와야 하는데, 뒤에 절이 오고 있으므로 because of를 접속사 because로 고쳐야 한다.

02

정답 O

해석 외신 기자들은 수도에 머무는 짧은 시간 동안 가능한 한 많은 뉴스를 취재하기를 바란다.

해설 양을 나타내는 형용사 much가 불가산명사인 news를 수식하고 있는 것은 올바르다.

03

정답 X (those → that)

해석 옛날 주택의 품질이 현대 주택의 품질보다 뛰어나다는 믿음에도 불구하고, 대부분의 20세기 이전 주택의 토대는 오늘날 주택의 토대에 비해 극히 얕으며, 그것의 목재 골조의 유연성 또는 벽돌과 석조 사이 석회 모르타르 덕분에 시간의 시험을 견뎌 왔을 뿐이다.

해설 라틴어 비교급 표현 superior to는 올바르나, 비교 대상이 '옛날 주택의 품질'과 '현대 주택의 품질'이므로 those가 가리키는 것은 단수 명사인 the quality임을 알 수 있다. 따라서 복수 대명사 those를 단수를 가리키는 that으로 고쳐야 한다.

04

정답 X (each other → with each other)

해설 'exchange A with B'는 'A를 B와 교환하다'라는 뜻의 구문으로, 교환 상대인 사람 목적어 앞에는 전치사 with가 함께 쓰여야 한다. 참고로 each other는 '서로'라는 뜻의 대명사로, 부사처럼 쓰일 수 없다.

05

정답 X (an alive man → a living man 또는 a man alive)

해석 구조대는 살아 있는 남자를 발견하고 기뻐했다.

해설 '살아 있는'이라는 뜻의 alive는 서술적 용법으로만 쓰이는 형용

사이므로 보어로만 사용되고 명사를 수식할 수 없다. 따라서 an alive man을 a living man으로 고쳐야 한다. 참고로 alive를 그대로 두려면 an alive man을 a man alive로 고칠 수도 있다.

어휘 rescue squad 구조대

06

정답 X (until → by)

해설 by는 동작의 완료, until은 동작의 지속을 의미한다. finish는 동작의 완료를 의미하는 동사이므로, until을 by로 고쳐야 한다.

07

정답 X (good → well)

해석 심지어 어린아이들도 잘한 일에 대해 칭찬받는 것을 좋아한다.

해설 good은 형용사로 '좋은'이라는 의미이고, well은 부사로 '잘'이라는 의미이다. 여기서는 과거분사인 done을 수식해야 하므로, 형용사 good을 부사 well로 고쳐야 한다.

어휘 compliment 칭찬하다

08

정답 O

해석 Volta의 작품에 대한 이야기가 있었다.

해설 주어 자리에 명사 talk가 있으므로 명사를 수식하는 형용사인 such가 올바르게 쓰였다.

09

정답 X (an advice → a piece of advice)

해석 나는 그에게 조언을 해주었다.

해설 advice는 셀 수 없는 명사이므로 수량을 표시하기 위해서는 수량 명사를 써서 an advice를 a piece of advice로 고쳐야 한다.

어휘 advice 조언

10

정답 X (by the train → by train)

해석 새로운 지하철 호선은 거주민들이 지하철을 타고 공항으로 곧장 이동할 수 있게 해줄 것이다.

해설 'by + 교통 / 통신 수단'의 경우 명사 앞에 관사를 쓰지 않으므로 by the train을 by train으로 고쳐야 한다.

어휘 resident 거주민 directly 곧장

11

정답 X (deeply → deep)

해석 그는 물속으로 깊이 잠수했다.

해설 deeply는 '매우(심히)'라는 의미이므로 '깊게'라는 의미의 deep으로 고쳐야 한다.

12

정답 X (sick and wounded → the sick and wounded)

해설 '돌보다'를 의미하는 동사 tend 뒤에는 목적어로 형용사가 쓰일 수 없다. 우리말 의미를 봐도 '환자들과 부상자들'이라는 명사므로 '~하는 사람들'을 의미하는 'the + 형용사/분사'의 형태로 써야 한다. 따라서 sick and wounded를 the sick and wounded로 고쳐야 한다.

어휘 tend 돌보다, 보살피다

13

정답 X (financial → financially)

해석 그녀는 경제적으로 독립하고 싶어 한다.

해설 형용사(independent)를 앞에서 수식할 수 있는 것은 부사이므로 형용사 financial을 부사 financially로 고쳐야 한다.

어휘 financial 경제의, 금융의 independent 독립적인, 독자적인

14

정답 X (in a hot water → in hot water)

해석 만화 캐릭터인 스폰지밥 네모바지는 그 프로그램을 단 9분 시청하는 것만으로도 4세 아동들에게 단기 집중력과 학습 문제를 야기할 수 있다는 것을 시사하는 연구로 인해 곤경에 처해 있다.

해설 불가산 명사(water)는 부정관사(a/an)와 함께 쓰일 수 없으므로 in a hot water를 in hot water로 고쳐야 한다. 참고로, in hot water는 숙어 표현으로 '곤경에 처한'이라는 의미를 나타낸다.

어휘 in hot water 곤경에 처한 suggest 시사하다, 암시하다
short-term 단기의, 단기적인

15

정답 X (Despite → Although)

해석 그는 졸렸음에도 불구하고, 계속 TV를 시청했다.

해설 전치사 Despite는 절을 이끌 수 없으므로 접속사 Although로 고쳐야 한다.

16

정답 X (itself → themselves)

해석 인간은 음식을 나눠 먹지만, 원숭이는 그들 자신을 부양한다.

해설 전치사 for에 대한 목적어가 주어와 같은 복수 명사 monkeys를 대신하는 것이므로 단수 재귀대명사 itself를 복수 재귀대명사 themselves로 고쳐야 한다.

어휘 share 나누다 fend 부양하다, 꾸려가다

17

정답 O

해석 그들은 머리를 쓰기보다는 그러한 정보를 그들의 휴대전화나 컴퓨터에 저장하는 것을 선호한다.

해설 불가산 명사 information이 '그러한'이라는 의미의 such와 함께 올바르게 쓰였다.

18

정답 X (their → his 또는 her, efficient → efficiently)

해석 각각의 장교는 그들의 임무를 효율적으로 수행해야 한다.

해설 대명사 their가 가리키는 명사(Each officer)가 단수이므로 복수 대명사 their를 단수 대명사 his나 her로 고쳐야 한다. 또한, 동사(perform)를 수식할 수 있는 것은 부사이므로 형용사 efficient를 부사 efficiently로 고쳐야 한다.

어휘 officer 장교   duty 임무, 업무   efficient 효율적인, 능률적인

19

정답 X (10-stories → 10-story)

해석 최초의 고층 건물인 세인트루이스에 있는 10층짜리 웨인라이트 빌딩은 1891년 루이스 헨리 설리번에 의해 설계되었다.

해설 명사 두 개가 하이픈(-)으로 연결되어 building을 수식하는 형용사로 쓰일 경우 단위 표현은 단수형으로 쓰인다. 따라서 복수형 10-stories를 단수형 10-story로 고쳐야 한다.

어휘 skyscraper 고층 건물, 마천루

20

정답 X (many homeworks → much homework)

해석 내 여동생은 어젯밤에 너무 많은 숙제를 해야 했기 때문에 속상해했다.

해설 homework는 셀 수 없는 명사이므로 복수형 어미인 -s를 붙일 수 없고, 셀 수 있는 명사를 수식하는 many를 쓸 수 없다. 따라서 many homeworks를 much homework로 고쳐야 한다.

어휘 upset 속상하게 하다, 화가 나다

21

정답 X (has → have)

해석 많은 가난한 사람들은 격일로 단식함으로써 배고픔을 감당해야 한다.

해설 'the + 형용사'는 '~한 사람들'을 의미하는 복수 보통명사이므로 동사도 복수인 have로 수 일치를 해야 한다. 따라서 단수 동사 has를 복수 동사 have로 고쳐야 한다.

어휘 manage 감당하다, 다루다   hunger 배고픔, 굶주림
fast 단식하다   alternate 번갈아 나오는

22

정답 O

23

정답 X (during → for)

해석 그는 미국 회사에서 회계사로 5년 동안 근무했다.

해설 얼마 동안 오래 지속되었는지는 'for + 숫자 표현' 형태로 쓰이므로 during을 for로 고쳐야 한다.

어휘 accountant 회계사

24

정답 X (share → shares)

해석 언어학은 다른 과학들과 관심사를 공유한다.

해설 '언어학'을 의미하는 Linguistics는 단어의 끝에 s가 붙어 있어 복수로 착각하기 쉽지만, 단수 취급하는 명사이다. 따라서 복수 동사 share를 단수 동사 shares로 고쳐야 한다.

어휘 linguistics 언어학   science 과학   concern 관심사

25

정답 X (while → during)

해석 뉴욕의 크리스마스는 매년 이 시기에 많은 영화에 등장한다.

해설 부사절 접속사 while을 전치사 during으로 고쳐야 한다.

어휘 feature (신문, 영화 등에) 등장하다, 출연하다

26

정답 X (until → by)

해석 폭설로 인해 내 열차가 많이 지연되었고, 나는 자정까지 집에 도착할 수 있을지 걱정하는 중이었다.

해설 문맥상 늦어도 자정까지 도착을 완료하는 의미이므로 동작의 완료를 나타내는 전치사를 써야 한다. 따라서 until을 by로 고쳐야 한다.

어휘 delay 지연시키다, 미루다   arrival 도착   midnight 자정

27

정답 O

해석 나는 마라톤까지 열심히 훈련할 것이고 그 이후에 쉴 것이다.

해설 문맥상 마라톤까지 계속 열심히 훈련하겠다는 의미이므로 '~까지 계속'이라는 의미의 until이 올바르게 쓰였다.

28

정답 O

해석 배우들은 서로에게서 조언을 구하고 피드백을 요청한다.

해설 one another는 세 명 이상일 경우 순서를 정하지 않고 '서로'를 의미하는 부정대명사이다. 서로 조언을 찾는다는 내용이므로 one another가 올바르게 쓰였다. actors라고 하면서 두 명이라 명시하지 않았으므로 세 명 이상임을 유추할 수 있다.

해설 문맥상 '늦게'라는 의미의 부사 late와 '최근에'라는 의미의 lately가 각각 올바르게 쓰였다.

29

정답 X (an advice → a piece of advice)

해석 나는 내 사업을 위한 조언이 필요하다.

해설 advice는 셀 수 없는 명사이므로 수량을 표시하기 위해서는 수량 명사를 써서 an advice를 a piece of advice로 고쳐야 한다.

어휘 advice 조언   business 사업, 일

30

정답 X (mean → means)

해석 자동차 이전에는, 말이 기본적이며 주요한 교통수단이었다.

해설 mean은 '수단'이라는 의미일 때 단수형과 복수형이 동일하므로 mean을 means로 고쳐야 한다.

어휘 automobile 자동차   primary 주요한, 기본적인
transportation 교통수단

Unit 09 접속사

레벨 UP TEST – 등위·상관 접속사   p.112

01

정답 X (warm → warmth)

해석 나의 집은 나에게 안정감, 따뜻함, 그리고 사랑의 느낌을 준다.

해설 a feeling of 뒤에 등위접속사 and로 명사 A, B, and C가 병렬되는 구조이다. warm은 형용사이므로 명사인 warmth로 고쳐야 한다.

02

정답 O

해석 살아있는 동안 그녀는 전통이자, 의무이자 보살핌이었다.

해설 'A, B, and C'에서 병렬로 이어지는 a tradition, a duty, and a care가 모두 명사로 올바르게 쓰였다. 참고로, 문두의 Alive는 While she was alive라는 부사절을 분사구문으로 축약한 형태이다.

어휘 tradition 전통   duty 의무, 임무   care 보살핌, 조심

03

정답 X (or → but)

해설 '가장 강한 생물도, 가장 지적인 생물도 아니고, ~한 생물이다'

라는 의미는 상관 접속사 'not A nor B but C'로 나타낼 수 있으므로 or를 but으로 고쳐야 한다.

어휘 intelligent 지적인   responsive 잘 반응하는, 호응하는
survive 생존하는

04

정답 X (looks → (in) looking)

해설 '응시하는 것에 있지 않고, ~ 바라보는 것에 있다'는 상관 접속사 'not A but B'를 사용하여 나타낼 수 있다. but 앞에 전치사구 in gazing at each other가 왔으므로 but 뒤의 동사 looks를 전치사구 in looking으로 고쳐야 한다. 전치사구 병치 구문에서 전치사가 같을 경우 두 번째로 나온 전치사는 생략될 수 있으므로 looking으로 고쳐도 맞다.

05

정답 O

해설 '가치가 없기 때문이 아니라, 매우 귀중하기 때문에'는 상관 접속사 'not A but B'를 사용하여 나타낼 수 있다. but 앞에 because가 이끄는 부사절 because they are worthless가 왔으므로 but 뒤에도 because가 이끄는 부사절 because they are priceless가 올바르게 쓰였다.

어휘 volunteer 자원봉사자   worthless 가치 없는
priceless 매우 귀중한

06

정답 X (loyalty → loyal)

해석 저먼셰퍼드들은 똑똑하고, 기민하며, 충성스럽다.

해설 형용사인 smart와 alert가 콤마(,)로 연결되어 있고 접속사 and 뒤에도 병렬 관계로 형용사가 와야 하므로 명사 loyalty를 형용사 loyal로 고쳐야 한다.

어휘 alert 기민한, 재빠른   loyalty 충성, 충실

07

정답 X (consistency → consistent)

해석 언어학은 다른 학문들과 언어에 대한 설명에 있어서 객관적이고, 체계적이고, 일관적이며, 명확해야 한다는 관심사를 공유한다.

해설 to be에 이어지는 objective, systematic, consistency, and explicit이 콤마(,)와 접속사 and로 연결되어 있다. 이렇게 등위 접속사인 and로 연결된 요소들은 모두 문법적으로 같은 병렬 관계를 갖게 된다. objective, systematic, explicit은 모두 형용사인데 consistency만 명사이므로 consistency를 형용사 consistent로 고쳐야 한다.

어휘 linguistics 언어학   concern 관심사   objective 객관적인
systematic 체계적인   consistency 일관성
explicit 명확한, 분명한

08

정답 O

해설 'B as well as A'는 B(You)에 수 일치해야 하므로 are가 올바르게 쓰였다.

어휘 responsible 책임이 있는

09

정답 X (nor → or)

해석 John McCain의 성급함은 흥분되게 하거나 불안하게 한다.

해설 상관 접속사 either는 'either A or B' 형태로 써야 하므로 nor를 or로 고쳐야 한다.

어휘 impetuosity 성급함, 격렬 thrilling 흥분되는
disturbing 불안하게 하는

10

정답 O

해석 미국 대학생들은 평균보다 더 오래 살고, 더 오래 기혼으로 지내고, 유럽으로 더 자주 여행하리라 기대한다.

해설 expect의 목적어인 to 부정사가 콤마(,)와 and로 올바르게 병치 되었다. 병치 구문에서 두 번째 나온 to 부정사의 to는 생략될 수 있으므로 to live ~, (to) stay ~, and (to) travel이 올바르게 쓰였다.

어휘 average 평균; 평균의

11

정답 X (teaching → teaches)

해석 이것은 다른 가족 구성원들이 전화를 걸고 받을 수 있도록 회선을 개방할 뿐만 아니라 당신의 10대 자녀들에게 절제와 규율을 가르쳐준다.

해설 'A뿐만 아니라 B도'라는 의미는 'not only A but (also) B' 형태로 나타낼 수 있다. not only 뒤에 단수 동사가 왔으므로 but 뒤에도 단수 동사가 와야 한다. 따라서 teaching을 teaches로 고쳐야 한다.

어휘 free up 개방하다, 풀어주다 moderation 절제
discipline 규율; 징계하다

레벨 UP TEST - 명사절 접속사   p.118

01

정답 X (what → that)

해석 스포츠에서 예상 밖의 우승을 거두는 - 우승할 것으로 예측되고, 상대 팀보다 우세하다고 추정되는 팀이 의외로 경기에서 지는 - 한 가지 이유는 우세한 팀이 상대 팀을 그들의 계속되는 성공에 대한 위협으로 여기지 않았기 때문일 것이다.

해설 명사절 접속사 what 뒤에는 불완전한 절이 와야 하는데 여기서는 완전한 절이 오고 있다. 따라서 what을 be동사의 보어 역할을 할 수 있으면서 뒤에 완전한 절을 취하는 명사절 접속사 that으로 고쳐야 한다.

어휘 upset 예상 밖의 우승[승리] predict 예측하다
supposedly 추정상, 아마 superior 우세한, 우수한
opponent 상대, 적 perceive ~을 ~로 여기다
threatening 위협적인

02

정답 O

해설 'A is to B what C is to D'는 'A와 B의 관계는 C와 D의 관계와 같다'라는 의미를 나타내는 표현으로 올바르게 쓰였다.

03

정답 O

해설 동사 believes에 대한 목적어 자리이므로 명사절 접속사 자리이다. 목적어가 없는 불완전한 절이므로 명사절 접속사 what이 올바르게 쓰였다.

04

정답 X (which → what)

해석 많은 사람들이 믿는 것과 반대로, UA는 모든 도시에서 발견되는데, 그것은 때로는 숨겨져 있고, 때로는 명백하다.

해설 전치사(Contrary to) 뒤에 의문사 which는 올 수 없으므로, which를 전치사 Contrary to 뒤에 올 수 있는 명사절을 이끌면서 believe의 목적어 역할을 할 수 있는 what으로 고쳐야 한다. 참고로, 의문사 which는 범위가 한정되어 있을 경우에만 사용된다.

어휘 obvious 명백한

05

정답 X (if → whether)

해설 명사절 접속사 if와 whether 모두 '~인지 아닌지'라는 의미이지만, if는 'if or not'의 형태로 쓰일 수 없다. if가 이끄는 명사절은 전치사 on의 목적어 자리에 올 수 없으므로 if를 whether로 고쳐야 한다.

어휘 death penalty 사형 (제도) abolish 폐지하다

06

정답 O

해석 상어로 보이는 것이 산호 뒤에 숨어 있었다.

해설 동사 was에 대한 주어 자리이므로 명사절 접속사 자리이다. 주어가 없는 불완전한 절이므로 명사절 접속사 What이 올바르게 쓰였다.

어휘 lurk 숨어 있다 coral reef 산호

07

정답 O

해석 모든 미스터리에는 무엇이 발생했는지를 알아내려고 애쓰는 누군가가 있다.

해설 동사 figure out의 목적어 자리이므로 명사절 접속사 자리이고, happened의 주어가 없는 불완전한 절이므로 명사절 접속사 what이 올바르게 쓰였다.

어휘 figure out 알아내다, 생각해 내다

08

정답 O

해석 일본에서 중간 사이즈인 것이 여기에서는 작은 사이즈이다.

해설 주어 자리에 들어간 명사절이면서 뒤에 불완전한 절이 왔으므로 What이 올바르게 쓰였다.

09

정답 X (that → what)

해석 사람들은 시장의 성명서가 도시 시민으로서 자신들의 미래에 무엇을 의미했는지 천천히 깨닫기 시작하자 놀라서 침묵했다.

해설 명사절 접속사 that 뒤에는 완전한 절이 와야 하는데, 동사 mean의 목적어가 없으므로 that은 올 수 없다. 따라서 that을 목적어 역할과 명사절을 이끄는 접속사 역할을 하는 what으로 고쳐야 한다.

어휘 stun 놀라게 하다 silence 침묵; 침묵시키다 statement 성명서

10

정답 X (that → what)

해석 학문적 지식이 항상 당신이 올바른 결정을 내리도록 이끄는 것은 아니다.

해설 be동사의 보어 자리이므로 명사절 접속사 자리이고, leads의 주어가 없는 불완전한 절이므로 완전한 절을 이끄는 명사절 접속사 that은 올 수 없다. 따라서 that을 불완전한 절을 이끄는 명사절 접속사 what으로 고쳐야 한다.

어휘 academic 학문의 knowledge 지식 decision 결정

11

정답 X (that → what)

해석 이 부는 계몽주의나 산업 혁명과 같은 이후의 사건들을 부채질한 것이다.

해설 주어가 없는 불완전한 절을 이끌며 문장의 보어 자리에 올 수 있는 것은 명사절 접속사 what이므로 that을 what으로 고쳐야 한다.

어휘 wealth 부 fuel 부채질하다 Enlightenment 계몽주의 Industrial Revolution 산업 혁명

12

정답 O

해석 남편이 아내를 이해한다고 해서 그들이 반드시 양립할 수 있는 것은 아니다.

해설 does not mean의 주어로 사용된 명사절 뒤에 완전한 절이 나왔으므로 명사절 접속사 That이 올바르게 쓰였다. 참고로, 동사 mean의 목적어인 명사절 접속사 that은 생략되었다.

어휘 necessarily 반드시, 필연적으로 compatible 양립할 수 있는

13

정답 X (what → that)

해석 큰 문제는 내가 그 언어를 말할 많은 기회를 얻지 못한다는 것이다.

해설 is의 보어 자리에 들어간 명사절 접속사의 자리인데, 뒤에 완전한 절이 왔으므로 what을 that으로 고쳐야 한다.

14

정답 X (what it is → what is)

해석 선택할 여러 가지 다양한 경제적인 가전제품들이 있을 때는 어떤 것이 가장 좋은지 결정하는 것이 중요하다.

해설 동사 decide에 대한 목적어 자리이므로 명사절의 자리이다. 불완전한 절을 이끄는 what 뒤에 완전한 구조가 왔으므로 what it is를 what is로 고쳐야 한다.

어휘 diverse 다양한 a variety of 여러 가지의 economical 경제적인 appliance 가전제품

15

정답 X (that → what)

해석 내가 원하는 게 무엇인지 알아내는 데 정말 어려움을 겪고 있다.

해설 figure out의 목적어 자리에 절이 들어갔으므로 명사절 접속사 자리이다. 목적어가 없는 불완전한 절이 왔으므로 that을 what으로 고쳐야 한다. 참고로, '~하는 데 어려움을 겪다'라는 표현인 'have a problem -ing'는 올바르게 쓰였다.

어휘 figure out 알아내다

레벨 UP TEST - 형용사절(관계절) 접속사   p.124

01

정답 X (who → whose)

해석 내가 돌보는 딸을 가진 사람들이 이사를 가게 되어 유감이다.

해설 관계대명사 who 뒤에는 불완전한 절이 와야 하는데, 여기서는 완전한 절이 오고 있다. 관계대명사 바로 뒤에 명사 daughter가 오고 있고 의미상으로도 그 사람들의 딸을 내가 돌본 것이므

로, who를 소유격 관계대명사 whose로 고쳐야 한다.

02

정답 X (which → where 또는 in which)

해설 관계대명사 which 뒤에는 불완전한 절이 와야 하는데, sleep이 1형식 완전자동사로 쓰여 완전한 절이 오고 있다. 따라서 which를 The bed를 선행사로 받으면서 완전한 절을 이끌 수 있는 관계부사 where로 고치거나, which 앞에 전치사 in을 더해 '전치사 + 관계대명사'로 고쳐야 한다.

03

정답 O

해석 좋은 출발점을 찾기 위해서는, 최초의 현대식 전기 배터리가 개발된 1800년으로 돌아가야 한다.

해설 the year 1800를 선행사로 받는 목적격 관계대명사 which가 올바르게 쓰였고, 전치사 during과 함께 쓰여 뒤에 완전한 문장이 나오고 있다.

어휘 modern 현대식의, 현대적인 develop 개발하다

04

정답 X (which → whose)

해석 빈곤율은 가족 소득이 절대 수준 이하로 떨어지는 인구의 비율이다.

해설 불완전한 절을 이끄는 관계대명사 which 뒤에 완전한 절이 왔고, 해석상 '인구의 가족 소득'이라는 뜻이 적절하므로 소유격 관계대명사가 들어가야 할 자리임을 알 수 있다. 따라서 which를 whose로 고쳐야 한다.

어휘 poverty rate 빈곤율 population 인구
income 소득, 수입 absolute 절대적인

05

정답 O

해석 패션을 구현하는 사람, 과정, 환경은 또한 새로운 지속 가능한 방향을 요구하고 있다.

해설 사람과 사물 선행사 The people, processes, and environments가 쓰였으므로 주격 관계대명사 that이 올바르게 쓰였다.

어휘 process 과정 embody 구현하다
sustainable 지속 가능한 direction 방향

06

정답 X (what → that)

해석 돌이켜 보면, 과학자들은 마야 지도자들이 수 세기 동안 강우량에 대한 그들의 불확실한 의존성에 대해 알고 있었던 산더미 같은 증거를 발견했다.

해설 완전한 절(Mayan leaders ~ rainfall)을 이끌면서 evidence를 수식하는 형용사 자리에 올 수 있는 명사절 접속사를 써야 하므로 what을 that으로 고쳐야 한다.

어휘 uncover 발견하다 evidence 증거 uncertain 불확실한
dependence 의존성, 의존 rainfall 강우량

07

정답 O

해석 객실이 깨끗하다면, 나는 우리가 어느 호텔에서 묵든 상관없다.

해설 which 뒤에 전치사(at)의 목적어가 없는 불완전한 절이 왔고, 문맥상 '어느 호텔'이라는 의미가 되어야 하므로 뒤에 나온 명사(hotel)를 꾸미면서 불완전한 절을 이끄는 의문 형용사 which가 올바르게 쓰였다.

08

정답 O

해설 both of라는 수량 표현이 있으므로 '수량 표현(both) + 관계대명사'의 형태로 연결될 수 있다. 선행사 a teddy bear가 사물이고 관계절(whose ~ missing) 내에서 eyes가 누구의 눈인지 나타내는 소유격 관계대명사 whose가 올바르게 쓰였다.

09

정답 O

해설 선행사(The woman)가 사람이고, 뒤에 lives에 대한 주어가 없으므로 주격 관계대명사 who가 올바르게 쓰였다. 참고로, 주격 관계대명사 뒤의 동사인 lives의 수 일치도 올바르게 쓰였다.

10

정답 X (what → which 또는 that)

해석 그러므로, 나는 Mrs. Ferrer를 당신이 광고를 낸 직책에 추천하고 싶다.

해설 명사(the post)를 수식하기 위해 형용사 역할을 하는 관계절이 와야 하는데, 선행사(the post)가 사물이고 관계절 내에서 동사 advertise의 목적어 역할을 하므로, 명사절 접속사 what을 목적격 관계대명사 which 또는 that으로 고쳐야 한다.

어휘 recommend 추천하다 post 직책, 일자리
advertise 광고를 내다, 선전하다

11

정답 X (which she fell → which she fell in 또는 which she fell into)

해석 그녀가 빠진 물은 매우 차가웠다.

해설 fell이 '빠지다'라는 의미의 자동사로 쓰였으므로 완전한 절이다. which는 뒤에 불완전한 절이 와야 하므로 '~에'를 의미하는 전치사 in 또는 into를 사용하여 which she fell in 또는 which she fell into로 고쳐야 한다.

12

정답 X (where → which 또는 that)

해석 나무들은 그것들이 서식하는 장소에 적합해야 한다.

해설 관계사 뒤에 전치사 in의 목적어가 없는 불완전한 절이 왔으므로 완전한 절을 이끄는 관계부사가 들어갈 수 없다. 선행사가 장소를 나타내는 명사인 the places이고 관계절 내 전치사 in의 목적어가 없으므로 where를 목적격 관계대명사 which 또는 that으로 고쳐야 한다.

어휘 fit 적합하다, 어울리다

13

정답 O

해석 우리는 다시 모일 수 있을 때를 고대하고 있다.

해설 선행사가 시간을 나타내는 명사 the time이고, 관계사 뒤에 완전한 절이 왔으므로 관계부사 when이 올바르게 쓰였다.

어휘 look forward to ~을 고대하다

14

정답 X (which → who)

해석 두 배의 월급을 받는 부서장이 책임을 져야 한다.

해설 선행사(The head)가 사람이므로 which를 주격 관계대명사 who로 고쳐야 한다.

어휘 salary 월급 responsibility 책임

15

정답 X (who → which 또는 that)

해석 Mind Tool은 학생들의 작문 능력을 향상시키는 혁신적인 상품이다.

해설 선행사(an innovative product)가 사물이므로 주격 관계대명사 who를 which 또는 that으로 고쳐야 한다.

어휘 innovative 혁신적인 improve 향상시키다

16

정답 X (which → at which 또는 where)

해석 우리가 묵었던 그 호텔은 역 근처에 있었다.

해설 관계사 뒤에 주어 we와 1형식 동사로 쓰인 stop이 있으므로 완전하다. 따라서 불완전한 절을 이끄는 관계대명사 which는 들어갈 수 없고, 문맥상 '호텔에'라는 의미가 되어야 하므로 which를 at which 또는 where로 고쳐야 한다.

17

정답 X (whom → who)

해석 이 소년이 내가 알기로는 나를 기만했던 그 소년이다.

해설 I believe 삽입절은 관계사 선택에 영향을 주지 않는다.

deceived에 대한 주어가 빠진 구조이므로 whom을 주격 관계대명사 who로 고쳐야 한다.

어휘 deceive 기만하다, 속이다

18

정답 X (gave it → gave)

해석 그녀는 내가 그녀에게 줬던 조언을 절대 듣지 않는다.

해설 관계대명사 which는 뒤에는 주어 또는 목적어가 없는 불완전한 절이 와야 하는데, 완전한 절이 왔다. 따라서 선행사인 advice와 중복되는 it을 삭제하여 gave it을 gave로 고쳐야 한다.

어휘 advice 조언

19

정답 O

해석 부자라면 누가 그런 인색한 짓을 할 수 있겠는가?

해설 선행사가 의문사인 경우 관계대명사 that이 쓰이므로 that이 올바르게 쓰였다.

어휘 stingy 인색한

20

정답 X (where → which 또는 that)

해석 그녀는 지난 일요일에 보았던 아파트를 임대하고 싶어 한다.

해설 관계부사인 where는 완전한 문장을 이끄는데 동사 saw에 대한 목적어가 없는 불완전한 문장이다. 선행사(apartment)가 사물이므로 saw의 목적어 역할을 할 수 있는 목적격 관계대명사 which 또는 that으로 고쳐야 한다.

어휘 rent 임대하다

레벨 UP TEST – 부사절 접속사 / 복합 관계사 p.134

01

정답 X (whomever → whoever)

해설 전치사 to의 목적어 자리에는 명사절 역할을 하는 복합 관계사가 와야 한다. completes에 대한 주어가 없으므로 whomever를 whoever로 고쳐야 한다.

어휘 questionnaire 설문지

02

정답 X (as if → as 또는 though)

해설 '비록 ~일지라도'라는 의미의 표현은 '형용사 + as[though] + 주어 + 동사' 구문을 사용한다. 따라서 as if를 as 또는 though로 고쳐야 한다. 참고로, as if는 '마치 ~인 것처럼'이라는 의미이다.

어휘 sincere 진실한, 진정한

03

정답 X (so that he should feel → so that he should not feel)

해석 그는 졸음을 느끼지 않도록 진한 커피를 마셨다.

해설 문맥상 '졸음을 느끼지 않도록 진한 커피를 마셨다'라는 의미가 되어야 자연스럽다. 부사절 접속사 lest는 '~하지 않도록'이라는 의미이고, 부사절 접속사 so that은 '~하도록'이라는 의미이므로 같은 의미가 되기 위해서는 두 번째 문장의 should 뒤에 not을 써서 so that he should not feel로 고쳐야 한다.

04

정답 O

해설 as가 '비록 ~이지만'이라는 의미의 양보를 나타내는 부사절 접속사로 쓰이고, 부사절 내의 보어 Hot이 as 앞에 오면 '보어 + as + 주어 + 동사'의 어순이 되어야 한다. 따라서 Hot as the night air was가 올바르게 쓰였다.

어휘 soundly 푹, 깊이

05

정답 O

해석 그 수사는 의혹이 불러일으켜지지 않도록 최대한 조심스럽게 다루어져야 한다.

해설 '~하지 않도록'이라는 부정의 의미를 포함하는 부사절 접속사 lest가 이끄는 절의 동사는 '(should +) 동사원형'의 형태를 취한다. 따라서 lest suspicion be aroused가 올바르게 쓰였다.

어휘 investigation 수사 handle 다루다
utmost 최대한의, 극도로 suspicion 의혹, 혐의
arouse 불러일으키다

06

정답 O

해설 '비록 ~ 이지만'이라는 의미는 'As + 형용사 + a(n) + 명사 + 주어 + 동사'의 형태로 나타낼 수 있다. 따라서 As difficult a task as it was가 올바르게 쓰였다.

07

정답 O

해석 그녀는 말을 잘했지만, 그를 설득할 수는 없었다.

해설 '비록 ~이지만'이라는 의미는 부사절 접속사 though를 사용하여 나타낼 수 있다. 부사절 내의 보어가 though 앞에 오면 '보어 + though + 주어 + 동사'의 어순이 되어야 하므로 Eloquent though she was가 올바르게 쓰였다.

어휘 eloquent 말을 잘하는, 유창한 persuade 설득하다

08

정답 O

해석 당신이 아무리 지칠지라도, 당신은 그 프로젝트를 해야 한다.

해설 however는 'however + 형용사/부사 + 주어 + 동사'의 형태로 나타내야 하므로 However weary you may be가 올바르게 쓰였다.

어휘 weary 지친, 피곤한

09

정답 X (However you may try hard → However hard you may try)

해석 당신이 얼마나 열심히 노력하든, 당신은 그것을 수행할 수 없다.

해설 however는 'however + 형용사/부사 + 주어 + 동사'의 형태로 나타내야 하므로 However you may try hard를 However hard you may try로 고쳐야 한다.

어휘 carry out 수행하다

10

정답 X (as though → as)

해설 '~하면서, ~함에 따라'라는 의미는 부사절 접속사 as를 사용하여 나타낼 수 있으므로 부사절 접속사 as though를 as로 고쳐야 한다.

어휘 strict 엄한, 엄격한

11

정답 X (who → whomever 또는 whoever)

해석 한 직원당 두 명의 손님이 넘지 않는 한, 당신이 원하는 누구든지 회사 야유회에 초대할 수 있다.

해설 문맥상 '누구든지'라는 의미가 되어야 자연스러우므로 관계대명사 who를 복합 관계대명사 whomever 또는 whoever로 고쳐야 한다.

어휘 outing 야유회 employee 직원

12

정답 X (Because of → Because)

해석 논란이 많은 정부의 예산안이 국회에 의해 통과되었기 때문에, 야당은 행정 부처에 반대 견해를 제기했다.

해설 Because of는 전치사로 절을 이끌 수 없으므로 접속사인 Because로 고쳐야 한다.

어휘 controversial 논란이 많은 governmental 정부의
budget bill 예산안 Congress 국회
opposition party 야당

레벨 UP TEST

p.140

01

정답 O

해석 나는 여행 중에 책 한 권을 샀는데, 그것은 고향에서보다 두 배나 더 비쌌다.

해설 '~배만큼 -한[하게]'이라는 의미를 지닌 배수사 비교 구문은 '배수사 + as + 형용사/부사 + as'의 구조를 취하며, 2형식 동사 was의 주격 보어는 형용사이므로 twice as expensive as가 올바르게 쓰였다.

02

정답 X (still more → still less)

해석 그들은 시를 쓰는 것은 말할 것도 없고, 읽는 것에도 관심이 없다.

해설 '~은 말할 것도 없이'라는 뜻의 비교급 관용 구문으로 긍정문에서는 much[still] more를, 부정문에서는 much[still] less를 사용한다. 여기서는 주어진 문장이 부정문이므로 still more를 still less로 고쳐야 한다.

03

정답 O

해설 '~배만큼 -한[하게]'이라는 의미의 배수사 비교 구문은 '배수사 + as + 형용사/부사 + as'이므로 three times as old as가 올바르게 쓰였다. 또한 비교되는 대상이 '내 고양이'와 '그의 고양이'이므로, as 뒤에 his cat을 소유대명사 형태로 표현한 his가 올바르게 쓰였다.

04

정답 O

해설 'sooner or later'는 '조만간'이라는 의미의 표현으로 올바르게 쓰였다. 또한 주어진 우리말이 '~해야만 할 것이다'이므로, 'will have to 동사원형'도 올바르게 쓰였다.

05

정답 X (as → than)

해설 앞에 비교급 표현인 more precious가 쓰였으므로 원급 표현 as를 than으로 고쳐야 한다.

어휘 precious 소중한

06

정답 X (The most easiest → The easiest)

해설 형용사 easy와 같이 -y로 끝나는 2음절 단어의 최상급은 '원급 + est'의 형태로 나타낼 수 있으므로 The most easiest를 The easiest로 고쳐야 한다.

어휘 solution 해결책

07

정답 X (than → as)

해설 '벌과 꽃만큼 서로 밀접하게'는 두 대상의 동등함을 나타내는 '~만큼 -한'이라는 의미의 원급 표현 'as + 형용사/부사의 원급 + as'로 나타낼 수 있으므로 than을 as로 고쳐야 한다.

어휘 link 연결하다 intimately 밀접하게

08

정답 X (mountains → mountain)

해석 에베레스트산은 세계에서 가장 높은 산이다.

해설 '다른 어떤 -보다 더 ~한'은 비교급 형태로 최상급 의미를 만드는 '비교급 + than any other + 단수 명사'로 나타낼 수 있다. 따라서 복수 명사 mountains를 단수 명사 mountain으로 고쳐야 한다.

09

정답 X (more → much/far/by far/even/a lot/still)

해석 도시 지역의 자동차 보험료는 시골 지역의 보험료보다 훨씬 더 높다.

해설 more는 비교급을 강조할 수 없다. 따라서 more를 much/far/by far/even/a lot/still로 고쳐야 한다.

어휘 insurance rate 보험료 urban 도시의 rural 시골의, 지방의

10

정답 O

해설 동일인이나 동일물의 상태를 비교할 때는 최상급이어도 the를 쓰지 않는다. 따라서 happiest가 올바르게 쓰였다.

11

정답 X (more superior → superior)

해설 superior는 라틴 비교급으로 이미 비교 의미를 포함한 표현이기 때문에 more를 쓰지 않는다. 따라서 more superior를 superior로 고쳐야 한다. 참고로, 비교급이지만 than을 쓰지 않고 to를 쓴 것은 올바르게 쓰였다.

12

정답 X (stingier → stingy)

해설 '~만큼 -하지 않은'이라는 의미는 'not + so + 형용사의 원급 + as'의 형태로 나타낼 수 있으므로 비교급 stingier를 원급 stingy로 고쳐야 한다.

어휘 turn out 드러나다 stingy 인색한

13

정답 O

해석 그녀는 그것을 언급조차도 하지 않았다.

해설 '~조차도 하지 않다'라는 의미의 원급 관련 표현 never so much as가 올바르게 쓰였다.

어휘 mention 언급하다

14

정답 X (to staying home than to going → to stay home (rather) than (to) go 또는 staying home to going)

해설 '~보다 -을 더 좋아하다'라는 의미를 prefer로 표현할 때는 'prefer + to 동사원형 (rather) than (to) 동사원형' 또는 'prefer + 동명사 + to + 동명사'의 형태로 써야 한다. 따라서 to staying home than to going을 to stay home (rather) than (to) go 또는 staying home to going으로 고쳐야 한다.

15

정답 X (you → yours)

해설 비교할 때는 대상이 같아야 한다. Your son's hair와 your hair가 비교 대상이므로 you를 yours로 고쳐야 한다.

16

정답 O

해설 동일인이나 동일물의 상태를 비교할 때는 최상급이어도 the를 쓰지 않는다. 따라서 most relaxed가 올바르게 쓰였다.

17

정답 X (most → the most)

해석 이 연구 센터는 전국의 미술 대학원생들을 위해 디자인되었으며 가장 방대한 양의 미술 자원을 가지고 있다.

해설 최상급 표현은 최상급 앞에 정관사 the와 함께 쓰인다. 따라서 most를 the most로 고쳐야 한다.

어휘 research center 연구 센터 graduate student 대학원생
extensive 방대한 volume 양, 용량

18

정답 X (very → much / far / by far / even / a lot / still)

해석 환경을 회복시키는 것보다는 그것을 보호하는 것이 훨씬 더 쉽다.

해설 very는 원급의 형용사를 수식하는 부사이다. 따라서, 비교급을 강조하기 위해 very를 much / far / by far / even / a lot / still로 고쳐야 한다.

어휘 protect 보호하다 restore 회복시키다

19

정답 O

해석 나이가 들면 들수록 외국어를 배우는 것은 더 어려워진다.

해설 '~할수록 –하다'라는 의미는 'the 비교급 + 주어 + 동사, the 비교급 + 주어 + 동사'의 형태로 나타낼 수 있다. 따라서 The older you grow, the more difficult ~가 올바르게 쓰였다.

어휘 foreign language 외국어

20

정답 O

해석 그의 최신 영화는 그의 이전 작들보다 훨씬 더 지루하다.

해설 'more ~ than' 비교급이 올바르게 쓰였고, 비교급을 강조하는 far도 올바르게 쓰였다. 참고로, his previous ones에서 ones는 그의 예전 영화들을 받는 대명사이다. 주어인 His latest film과 his previous ones가 비교되고 있으므로 비교 대상도 올바르게 쓰였다.

21

정답 X (Any → No)

해설 '부정어 + 비교급 + than'은 비교급을 사용하여 최상급을 나타내는 표현이다. 따라서 부정 주어를 만들기 위해 Any를 No로 고쳐야 한다.

22

정답 X (Everything → Nothing)

해설 '부정어 + as / so + 원급 + as'는 원급을 사용하여 최상급을 나타내는 표현이다. 따라서 부정 주어를 만들기 위해 Everything을 Nothing으로 고쳐야 한다.

어휘 credit 신용

Unit 11 어순

레벨 UP TEST
p.148

01

정답 O

해석 그는 나에게 왜 계속 매일매일 돌아오는지 물었다.

해설 ask가 4형식으로 쓰였고 직접목적어 자리에 의문부사 why가 이끄는 명사절이 적절하게 쓰였으며 why절이 간접의문문으로 쓰였으므로, '의문사 + 주어 + 동사'의 어순이 올바르게 쓰였다. 또한 계속해서 ~하다'라는 의미의 표현인 'keep -ing'도 올바르게 쓰였다.

어휘 day after day 매일같이

02

정답 O

해석 추하고 오래되고 노란색의 양철 양동이가 난로 옆에 있었다.

해설 명사 앞에서 형용사가 2개 이상 쓰이는 경우 '크기 + 모양 + 성질·상태 + 신·구 + 색깔 + 재료'의 순서로 써야 한다. 따라서 'ugly(모양) + old(신·구) + yellow(색깔) + tin(재료) + bucket(명사)'의 어순으로 올바르게 쓰였다. 참고로, '~ 옆에'라는 의미의 전치사 beside도 올바르게 쓰였다.

어휘 ugly 추한, 못생긴   beside 옆에

03

정답 X (where should you → where you should)

해석 이 가이드북은 당신이 홍콩에서 어디를 방문해야 하는지 알려준다.

해설 간접의문문의 어순은 '의문사 + 주어+ 동사'로 표현하므로 주어(you)와 should의 위치를 바꿔 where should you를 where you should로 고쳐야 한다.

04

정답 X (doesn't it → is it)

해석 서점에서 신문을 더 이상 취급하지 않는 것은 놀랍지 않아, 그렇지?

해설 부가 의문문의 동사는 평서문의 동사를 대신하는데 주절의 동사가 be동사인 부정문이다. 따라서 부정 부가 의문문 doesn't it을 긍정 부가 의문문 is it으로 고쳐야 한다.

어휘 carry 취급하다

05

정답 O

해설 '너무 ~해서 -하다'라는 의미는 'such + a(n) + 형용사 + 명사 + that'의 형태로 나타내야 하므로 such a beautiful meteor가 올바르게 쓰였다. 참고로, that절에 나온 대명사 it은 앞에 나온 storm을 지칭하므로 단수 대명사가 올바르게 쓰였다.

어휘 meteor 유성

06

정답 X (enough comfortable → comfortable enough)

해석 그는 자신이 하고 싶은 일에 대해 나에게 말할 만큼 편안함을 느꼈다.

해설 enough가 형용사나 부사와 함께 쓰일 때 '형용사/부사 + enough'의 형태로 나타내므로 enough comfortable을 comfortable enough로 고쳐야 한다.

어휘 comfortable 편안한

07

정답 X (isn't he → doesn't he)

해석 Bill은 Mary가 결혼했다고 생각해, 그렇지 않니?

해설 부가 의문문의 동사는 평서문의 동사를 대신하는데 주절의 동사가 supposes로 일반동사인 긍정문이다. 따라서 isn't he를 doesn't he로 고쳐야 한다.

어휘 suppose 생각하다, 추측하다

08

정답 X (how first entered the idea → how the idea first entered)

해석 어떻게 내 머릿속에 그 생각이 처음 들어왔는지 말하는 것은 불가능하다.

해설 how는 간접 의문문에서 '의문사 + 주어 + 동사'의 어순으로 사용해야 한다. 따라서 how first entered the idea를 how the idea first entered로 고쳐야 한다.

어휘 impossible 불가능한

09

정답 X (enough fortunate → fortunate enough)

해설 enough가 형용사나 부사와 함께 쓰일 때 '형용사/부사 + enough'의 형태로 나타내므로 enough fortunate를 fortunate enough로 고쳐야 한다.

어휘 landscape 경치

10

정답 O

해석 Brown 씨는 매우 좋은 선생님이어서 모든 사람들이 그녀를 존경한다.

해설 so는 'so + 형용사 + a(n) + 명사'의 형태로 나타내므로 so good a teacher가 올바르게 쓰였다.

어휘 respect 존경하다

11

정답 X (good some → some good)

해석 정원에 좋은 꽃들이 몇 송이 있다.

해설 한정사 some이 형용사 good보다 먼저 와야 하기 때문에 good some을 some good으로 고쳐야 한다.

12

정답 X (Do you think who the speakers is? → Who do you think the speaker is? 또는 Who do you think is the speaker?)

해석 너는 누가 연설자라고 생각하니?

해설 think가 사용된 간접 의문문에서는 의문사가 맨 앞에 위치하여

'의문사 + 의문문 + 주어 +동사'의 어순이 되어야 한다. 따라서 Do you think who the speaker is?를 Who do you think the speaker is?로 고쳐야 한다. 또는 의문사 who를 주어로 보아 Who do you think is the speaker?로 고칠 수도 있다.

어휘 speaker 연설자

13

정답 X (is it → it is)

해석 너는 하와이까지 얼마나 먼지 아니?

해설 간접의문문의 어순은 '의문사 + 주어 + 동사'이므로 is it을 it is로 고쳐야 한다.

14

정답 X (enough warm → warm enough)

해석 오늘 아침은 우리가 해변에 갈 만큼 충분히 따뜻하지 않다.

해설 enough가 형용사나 부사와 함께 쓰일 때 '형용사/부사 + enough'의 형태로 나타내므로 enough warm을 warm enough로 고쳐야 한다.

Unit 12 도치

레벨 UP TEST
p.152

01

정답 X (arrived → arrive)

해석 그녀가 파티를 떠났을 때 그는 비로소 그곳에 도착했다.

해설 제한을 나타내는 표현인 Only가 문장의 맨 앞에 나오면 주절은 주어와 (조)동사를 도치시켜 '조동사 + 주어+ 동사원형'으로 써야 하므로 arrived를 arrive로 고쳐야 한다.

02

정답 X (and so → and neither 또는 nor)

해석 팀장은 그 계획을 좋아하지 않았고, 나머지 직원들 역시 그랬다.

해설 '~ 역시 그렇다'라는 의미의 표현에서 앞 문장의 동사가 부정일 때는 so가 아니라 neither를 사용하므로 and so를 and neither 또는 nor로 고쳐야 한다.

03

정답 O

해석 Cindy는 피아노 연주하는 것을 좋아했고, 그녀의 아들 역시 그랬다.

해설 '~ 역시 그렇다'라는 의미의 표현에서 앞 문장이 일반동사이자, 긍정문이므로 and so did가 올바르게 쓰였다.

04

정답 X (I dreamed → did I dream)

해석 그가 나에게 거짓말을 할 줄은 꿈에도 몰랐다.

해설 부정을 나타내는 부사(Little)가 강조되어 문장의 맨 앞에 나오면 주어와 (조)동사가 도치되어 '조동사 + 주어 + 동사원형'의 어순이 되어야 하므로 I dreamed를 did I dream으로 고쳐야 한다.

05

정답 O

해석 그는 나를 보자마자 달아났다.

해설 부정을 나타내는 부사구(No sooner ~ than -)가 강조되어 문장의 맨 앞에 나오면 주어와 조동사가 도치되어 '조동사 + 주어 + p.p.'의 어순이 되어야 하므로, had he seen이 올바르게 쓰였다. 참고로, '그가 나를 본 것'은 '그가 달아난' 특정 과거 시점보다 이전에 일어난 일이므로, 과거완료 시제가 올바르게 쓰였다.

06

정답 X (Not only she is → Not only is she)

해석 그녀는 겸손할 뿐만 아니라, 예의도 바르다.

해설 제한을 나타내는 부사구(Not only ~)가 문장의 맨 앞에 나오면 주어와 동사가 도치되어 '동사 + 주어'의 어순이 되어야 하므로, Not only she is를 Not only is she로 고쳐야 한다.

어휘 modest 겸손한   polite 예의 바른

07

정답 X (lions crossed → did lions cross)

해석 다시는 사자들이 Richard의 울타리를 넘지 않았다.

해설 부정을 나타내는 부사구(Never again)가 강조되어 문장의 맨 앞에 위치하면 주어와 (조)동사가 도치되어 '조동사 + 주어 + 동사'의 어순이 되어야 하므로, lions crossed를 did lions cross로 고쳐야 한다.

어휘 fence 울타리

08

정답 O

해석 나는 평생 이렇게 아름다운 여자를 본 적이 없다.

해설 부정의 의미를 나타내는 Never가 문장의 맨 앞에 위치하면 '동사 + 주어'의 어순이 되어야 하므로, Never ~ have I seen이 올바르게 쓰였다.

09

정답 O

해석 당신이 요청하신 서류 파일이 첨부되어 있습니다.

어휘 attach 첨부하다 request 요청하다

10

정답 O

해석 그들은 그의 이야기를 믿지 않았고, 나 역시 그랬다.

해설 '~ 역시 그렇다'라는 의미의 표현인 neither 뒤에는 주어와 조동사가 도치되어 '조동사 + 주어'의 어순이 되어야 하므로, neither did I가 올바르게 쓰였다.

11

정답 X (you should not leave → should you leave)

해설 '어떤 상황(일)이 있어도 ~ 않다'라는 부정의 의미를 가진 Under no circumstances가 문장의 맨 앞에 오면 도치가 되어 '조동사+ 주어+ 동사원형'의 어순이 되어야 한다. no와 not이 함께 쓰여 이중 부정이므로 not도 삭제해야 한다. 따라서 you should not leave를 should you leave로 고쳐야 한다.

어휘 circumstance 상황

12

정답 O

해석 그가 너무나도 필사적으로 항의해서 그들은 그의 사건을 재고했다.

해설 'so + 형용사/부사 + that'의 부사절에서 'so + 형용사/부사'가 강조되어 문장의 맨 앞으로 나가면 주어와 동사가 도치되므로, So vigorously did he protest가 올바르게 쓰였다.

어휘 vigorously 필사적으로 protest 항의하다
reconsider 재고하다

13

정답 X (may this door be left → this door may be left)

해석 특정한 시간에 이 문은 잠겨 있지 않은 채로 있을지도 모른다.

해설 시간을 나타내는 부사구(At certain times)는 문장의 맨 앞에 위치하더라도 도치가 일어나지 않으므로, may this door be left를 this door may be left로 고쳐야 한다.

14

정답 O

해석 바다에는 조류가 있고, 강과 호수도 마찬가지이다.

해설 as가 '~처럼'이라는 의미로 절의 맨 앞에 오고, as 바로 뒤의 절이 '주어 + 조동사'로 이루어져 있으며 두 절의 주어가 다를 때 조동사와 동사가 도치되어 '조동사 + 주어'의 어순으로 쓰일 수 있다. 따라서 do the river and the lake가 올바르게 쓰였다.

어휘 current 조류

15

정답 O

해석 그들의 행동은 이 방법으로밖에 설명할 수 없다.

해설 제한을 나타내는 부사구(Only in this way)가 강조되어 문장의 맨 앞에 위치하면 주어와 조동사가 도치되어야 하므로, Only in this way is it이 올바르게 쓰였다.

16

정답 X (has been the concept → has the concept been)

해석 그 컨셉은 너무도 성공적이어서 Lee 씨는 현재 캘리포니아에 세 개의 찻집을 열었다.

해설 'so + 형용사/부사'가 강조되어 문장의 맨 앞에 위치하면 '조동사 + 주어 + 동사'의 어순이 되어야 하므로, has been the concept를 has the concept been으로 고쳐야 한다.

어휘 successful 성공적인

17

정답 X (strangers must → must strangers)

해석 어떠한 경우에도 낯선 사람들을 결코 들어오게 해서는 안 된다.

해설 부정의 의미를 나타내는 표현인 On no account가 문장의 맨 앞에 위치하면 주어와 동사는 도치된다. 따라서 strangers must를 must strangers로 고쳐야 한다.

어휘 on no account 어떠한 경우에도, 무슨 일이 있어도
stranger 낯선 사람

18

정답 O

해석 그녀는 내가 말하려 하는 것을 거의 깨닫지 못했다.

해설 부정을 나타내는 부사 Little이 강조되어 문장의 맨 앞에 위치하면 주어와 (조)동사가 도치되어 '조동사 + 주어 + 동사'의 어순이 되어야 하므로, Little did she realize가 올바르게 쓰였다.

어휘 realize 깨닫다

01 ④	02 ④	03 ①	04 ①	05 ③	06 ②	07 ①	08 ④	09 ③	10 ④
11 ①	12 ③	13 ④	14 ④	15 ③	16 ①	17 ③	18 ④	19 ①	20 ③

01

 정답 ④

해석 BBC에 의해 만들어진 자연 다큐멘터리인 Blue Planet II는 플라스틱이 바다에 영향을 주는 정도를 보여준 후에 시청자들로 하여금 비탄에 잠기게 했다.

해설 ④ affects on → affects
affect는 타동사로 뒤에 전치사를 취하지 않는다. 따라서 affects on을 affects로 고쳐야 한다.

오답 분석 ① 출제포인트 현재분사 vs. 과거분사 타동사 produce의 과거분사인 produced가 앞의 명사 a nature documentary를 수식하고 있다. 의미상 다큐멘터리가 생산된다는 의미이고 produced의 목적어가 없는 것으로 보아 과거분사 produced가 올바르게 쓰였다.

② 출제포인트 형용사를 목적격 보어로 취하는 타동사 leave는 목적격 보어를 취하여 '~이 (어떤 상태가) 되게 하다'라는 의미이다. 목적격 보어로 분사/형용사/to 부정사를 취할 수 있으므로 형용사 heartbroken이 올바르게 쓰였다.

③ 출제포인트 전치사 + 관계대명사 which 이하의 문장이 완전하므로 앞의 절과 연결할 때 관계대명사가 단독으로 올 수는 없고 관계부사나 '전치사 + 관계대명사'가 와야 한다. extent는 to와 쓰이므로 to which가 올바르게 쓰였다.

어휘 documentary 다큐멘터리, 기록물
heartbroken 비탄(슬픔)에 잠긴, 애끓는　extent 정도, 범위
affect 영향을 주다, 작용하다

02

정답 ④

해석 ① 그녀는 직장 동료들에게 데이트 신청을 받는 것을 싫어한다.
② 나는 여기 주변에서 가장 가까운 은행이 어디 있는지 모른다.
③ 내 가장 친한 친구들 중 한 명인 Tom은 1985년 4월 4일에 태어났다.
④ 그들이 내 명령을 따랐더라면 그들은 처벌받지 않았을 것이다.

해설 ④ 가정법 과거완료에서 if가 생략된 도치 구문은 'Had + 주어 + p.p., 주어 + 조동사의 과거형 + have + p.p.'로 나타내므로 Had they followed ~, they would not have been punished가 올바르게 쓰였다.

① 출제포인트 준동사 표현 object to에서 to는 전치사이므로 뒤에 동명사를 취해야 한다. 따라서 objects to be asked를 objects to being asked로 고쳐야 한다.

② 출제포인트 간접 의문문의 어순 where로 시작하는 의문문이 문장의 중간에 삽입된 간접 의문문이다. 간접 의문문은 '의문사 + 주어 + 동사'의 어순이 되어야 하므로 where is the nearest bank를 where the nearest bank is로 고쳐야 한다.

③ 출제포인트 주어-동사 수 일치 Tom이 단수 주어이므로, 복수 동사 were를 단수 동사 was로 고쳐야 한다.

어휘 object 싫어하다, 반대하다　ask out 데이트 신청하다
order 명령, 순서　punish 처벌하다

03

 정답 ①

해석 지난주에 나는 독감으로 아팠다. 아버지께서 내가 재채기하고 기침하는 것을 들었을 때, 그는 내 침실문을 열고 나에게 무엇이 필요한지 물으셨다. 나는 그의 친절하고 배려하는 얼굴을 보고 정말 행복했지만, 독감을 사라지게 하기 위해 아버지께서 하실 수 있는 것은 없었다.

해설 ① hear는 지각동사이며, 목적어인 me와 목적격 보어인 sneezing ~이 능동 관계이다. 이 경우 지각동사의 목적격 보어로 원형 부정사와 현재분사가 모두 가능하다. 따라서 현재분사가 병렬로 연결된 heard me sneezing and coughing이 올바르게 쓰였다.

오답 분석 ② 출제포인트 명사절 접속사의 선택 ask 뒤에 간접 목적어로 me가 온 후 직접 목적어로 that 명사절이 사용되었다. 그러나 이 문장에서는 '내가 무언가 필요하다'가 아니라 '내가 무엇이 필요한지'를 물었다는 의미이다. 따라서 that을 if로 고쳐야 한다.

③ 출제포인트 관계대명사의 선택 선행사 anything 뒤에 목적격 관계대명사 that이 생략된 형태이다. 선행사 anything이 의미상 do의 목적어 역할을 하여 '그가 할 수 있는 어떤 것'을 의미하는데 뒤에 do의 목적어인 it이 또 왔다. 이 경우 목적어가 중복되어 틀린 문장이 되므로 do it을 do로 고쳐야 한다.

④ 출제포인트 사역·지각동사 make는 사역동사이며 목적어인 the flu와 목적격 보어인 to go away가 능동 관계이다. 이 경우 사역동사의 목적격 보어로는 원형 부정사만 가능하므로 to go away를 go away로 고쳐야 한다.

flu 독감   sneeze 재채기하다   cough 기침하다; 기침
caring 배려하는, 보살피는   go away 사라지다, 없어지다

04

정답 ①

해설 ① slip → to slip
cause가 목적격 보어로 to 부정사를 취하는 5형식 동사로 쓰였다. 따라서 목적격 보어인 slip을 to slip으로 고쳐야 한다.

오답
분석 ② '~에 대해 합의하다'라는 의미의 agree on이 수동태로 사용될 경우 전치사 on도 반드시 함께 사용되어야 하므로 were agreed on이 올바르게 쓰였다.

③ 출제포인트 사역·지각동사 지각동사인 see의 목적어인 the truck과 목적격 보어인 close는 능동 관계이므로 목적격 보어로 동사원형이나 현재분사를 취할 수 있다. 따라서 close 또는 closing의 형태가 모두 가능하므로 closing이 올바르게 쓰였다.

④ 출제포인트 전치사의 목적어 '~하지 않고, ~ 없이'라는 의미의 전치사 without은 목적어를 필요로 한다. 따라서 목적어 역할을 하는 동명사 looking이 올바르게 쓰였다.

어휘 slip 미끄러지다   arrangement 협정

05

정답 ③

해설 ③ lend you with money → lend you money,
you will pay me → you pay me
lend는 '~에게 -을 빌려주다'라는 의미의 4형식 문장으로 쓸 수 있다. 따라서 lend you with money를 lend you money로 고쳐야 한다. 또한, provided가 '만일 ~이라면'이라는 의미의 조건절을 이끄는 단어이므로 미래 시제를 현재 시제로 표현해야 한다. 따라서 you will pay me를 you pay me로 고쳐야 한다.

오답
분석 ① 출제포인트 당위의 조동사 should 'It ~ that -'의 가주어·진주어 구문에서 판단의 형용사 important가 사용된 문장이다. 이때 that절의 동사는 '(should) + 동사원형'의 형태를 취해야 한다. 따라서 동사원형 do가 올바르게 쓰였다.

② 출제포인트 분사 명사를 수식하는 형용사(과거분사)구가 콤마(,) 사이에 삽입된 형태로 '주차된'이라는 의미의 수동 관계이므로 과거분사 parked가 올바르게 쓰였다.

④ 출제포인트 가정법 과거완료 과거 사실에 반대하는 가정법 과거완료 문장으로 if절의 동사가 had not been이고 주절의 동사가 might have been played로 올바르게 쓰였다.

어휘 rely 의존하다   tow 견인하다   illegal 불법의
pay back 갚다   approach 접근하다

06

정답 ②

해설 ② 'B가 되어서야 A하다'를 의미하는 'not A until B' 구문의 변형 중 하나로 'It ~ that -' 강조의 방법을 사용하여 'It was not until B that A'로 쓸 수 있다. 따라서 It was not until when he failed ~ that he decided ~가 올바르게 쓰였다. 이때, until B에서 B는 전치사 until에 대한 목적어로 명사(구/절)를 취할 수도 있으므로 명사절 when he failed the math test가 왔다.

오답
분석 ① 출제포인트 관계부사 / 능동태 vs. 수동태 선행사인 house를 수식하는 관계절이 they have lived for 10 years라는 완전한 절이다. 따라서 관계대명사 which를 장소의 선행사를 수식하는 관계부사인 where 또는 '관계대명사 + 전치사' 형태의 in which로 고쳐야 한다. 또한 집이 심하게 손상되었다는 수동의 의미이고 타동사 damage 뒤에 목적어가 없으므로 damaged를 was damaged로 고쳐야 한다.

③ 출제포인트 부사절 접속사의 선택 / 어순 명사 nothing은 형용사가 뒤에서 수식을 받는 대표적인 명사이다. 이때 짧은 분사인 left가 먼저 오고 to eat이 뒤에 오는 것이 더 자연스럽다. 또한, 이 문장은 두 개의 절로 구성되어 있는데 이를 연결하는 접속사가 없으므로 의미상 가장 적합한 so를 써야 한다. 따라서 We had nothing left to eat ~, so we ~로 고쳐야 한다.

④ 출제포인트 어순 / 관계대명사의 선택 enough는 수식하는 형용사나 부사의 뒤에서 '형용사/부사 + enough'의 형태로 나타낸다. 따라서 enough fortunate를 fortunate enough로 고쳐야 한다. 또한 관계대명사로 사용된 that은 계속적 용법으로 사용될 수 없으므로 관계대명사 that을 which로 고쳐야 한다.

어휘 badly 심하게, 몹시   damage 손상을 입다
eat out 외식하다   fortunate 운이 좋은
Grand Canyon 그랜드 캐니언   landscape 경치, 풍경

07

정답 ①

해석 나는 호박 케이크를 맨 처음부터 만드는 것이 박스에 담긴 믹스로 케이크를 만드는 것보다 훨씬 더 쉬울 것이라고 확신했다.

해설 ① convinced → am / was convinced
convinced는 '~을 확신시키다'라는 의미의 타동사이며 목적어의 뒤에 'of ~' 또는 'convince + 목적어 + of ~ / that절'의 구문으로 쓸 수 있다. 그런데 이 문장에는 convince의 목적어가 없이 바로 that절이 왔다. 따라서 목적어가 주어가 된 수동태 문장임을 확인할 수 있다. 따라서 convinced를 am / was convinced로 고쳐야 한다.

오답
분석 ② 출제포인트 관용 표현 '맨 처음부터'라는 의미의 표현인 from scratch를 이루는 from이 올바르게 쓰였다.

③ 출제포인트 비교급 수식 비교급인 easier를 수식하기 위해

정답·해설·해석

때 문제유형 및 실전문제의 유형별 가이드

비교급 강조 표현 even이 올바르게 쓰였다.

④ 출제포인트 비교 대상의 일치 that 명사절의 주어로 사용된 making pumpkin cake from scratch와 making the cake from a box를 비교하는 것이므로 비교 대상이 모두 동명사로 형태가 일치하므로 making이 올바르게 쓰였다.

어휘 convince ~을 확신시키다 from scratch 맨 처음부터

08

정답 ④

해석 형사 사건에서의 입증 책임은 피고가 기소된 범죄의 모든 요소에서의 타당한 의혹을 넘어서는 유죄임을 재판관(판사나 배심원단)에게 납득시켜야 하는 검사에게 있다. 만일 검사가 이것을 입증하지 못한다면, 무죄의 평결이 내려진다. 이런 입증의 기준은 청구인이 일반적으로 피고가 (50퍼센트 이상의 가능성이 있는) 개연성 비교 형량에 법적 책임이 있다는 것을 보여줄 필요가 있는 민사 사건과는 대조된다. 미국에서 이것은 증거의 우월성이라고 불린다.

해설 ④ referring → referred
refer는 'refer to A as B'의 형태로 쓰이는 동사다. to 이하에 목적어가 없어 수동태로 써야 하므로 referring을 referred로 고쳐야 한다.

오답 분석 ① 출제포인트 명사절 접속사의 선택 that은 persuade의 직접 목적어 역할을 하는 명사절 접속사이다. 따라서 뒤에 완전한 절이 오는 that이 올바르게 쓰였다.

② 출제포인트 능동태 vs. 수동태 타동사 render 뒤에 목적어가 없고, '평결이 내려진다'라는 의미의 수동 관계이므로 수동태 rendered가 올바르게 쓰였다.

③ 출제포인트 관계부사 where 앞뒤의 완전한 문장을 이어주는 접속사 역할을 하며, civil cases를 선행사로 하는 관계부사 where가 올바르게 쓰였다.

어휘 the burden of proof 입증 책임 prosecutor 검사, 기소자
persuade 납득시키다, 설득하다 trier 재판관, 시험자
judge 판사 jury 배심원단 the accused 피고
guilty 유죄의, 죄를 범한 reasonable 타당한, 합리적인
verdict 평결 render (평결을) 내리다, 되게 하다
contrast with ~과 대조되다 civil case 민사 사건
claimant 청구인, 원고 defendant 피고
liable 법적 책임이 있는
the balance of probabilities 개연성 비교 형량
refer 부르다, 지칭하다
the preponderance of the evidence 증거의 우월성

09

정답 ③

해석 ① 나는 몇 년 동안에 가장 인상적인 정부 정책 중 하나를 보았다.
② 내가 너라면 나는 그저 경험 삼아 그 자리에 지원할 텐데.
③ 그 아주 멋진 생각은 내가 제주에 온 후에 갑자기 떠올랐다.

④ 나는 나의 이전 편지에서 그들이 그의 동료로 대접받아야 한다고 주장했다.

해설 ③ was suddenly occurred → suddenly occurred
동사 occur는 자동사이므로 수동태로 사용할 수 없다. 따라서 was suddenly occurred를 suddenly occurred로 고쳐야 한다.

오답 분석 ① 대명사 one과 전치사 of 뒤에 한정사와 복수 명사가 온 the most impressive government가 올바르게 쓰였다.

② 출제포인트 가정법 과거 if절의 were와 주절의 'would + 동사원형'이 적절하게 쓰여 가정법 과거 If I were ~, I'd ~가 올바르게 쓰였다.

④ 출제포인트 당위의 조동사 should urge의 목적어가 되는 that절에는 당위의 조동사 should가 쓰이는데, 이때 should는 생략할 수 있다. should가 생략되는 경우 뒤에 동사원형이 와야 하므로 they should be에서 should가 생략된 they be가 올바르게 쓰였다.

어휘 impressive 인상적인 government 정부 policy 정책
treat 대접하다, 다루다

10

정답 ④

해석 ① 대학 신문은 학생과 교수단에게 흥미 있을 만한 소식만 발행한다.
② 나는 모든 백신 접종을 하자마자, 휴식을 위해 떠날 것이다.
③ Susan은 매일 오후에 누워서 잠시 낮잠을 자는 것을 좋아한다.
④ 그 지침은 우리가 붉은 펜을 쓰지 않는 것을 요구한다.

해설 ④ 요구 동사인 require가 that 명사절을 목적어로 취할 때 동사의 형태는 'should + 동사원형'으로 쓰며, 이때 should는 생략 가능하다. 따라서 we not use가 올바르게 쓰였다.

오답 분석 ① 출제포인트 불가산 명사 선행사인 news가 불가산 명사이므로 that이 이끄는 관계절에 복수 동사 are는 올 수 없다. 따라서 동사 are를 is로 고쳐야 한다.

② 출제포인트 시간·조건 부사절의 시제 As soon as는 '~하자마자'를 의미하는 시간의 접속사이므로 미래 시제를 현재 시제로 대체해야 한다. 따라서 As soon as I will get을 As soon as I get으로 고쳐야 한다.

③ 출제포인트 혼동하기 쉬운 동사의 불규칙 변화 lay는 타동사로서 뒤에 목적어를 취한다. 그러나 lay 뒤에 부사인 down과 부사구인 for a short ~만 있고 목적어가 없으므로 lay를 자동사 lie로 고쳐야 한다.

어휘 faculty 교수단, 능력 vaccination 백신 접종, 예방 접종
nap 낮잠 instruction 지침, 설명
require 요구하다, 필요로 하다

11

정답 ①

해석 만화 캐릭터인 스폰지밥 네모바지는 그 프로그램을 단 9분간 시청하는 것만으로도 4세 아동들에게 단기 집중력과 학습 문제를 야기할 수 있다고 시사한 한 연구로 인해 곤경에 처해 있다.

해설 ① in a hot water → in hot water
water는 불가산 명사이므로 앞에 부정관사를 붙여 쓸 수 없다. 따라서 in a hot water를 in hot water로 고쳐야 한다.

오답 분석
② 출제포인트 현재분사 vs. 과거분사 명사(a study)와 분사 (suggest)가 '연구가 시사했다'라는 의미의 능동 관계이므로 현재분사 suggesting이 올바르게 쓰였다.

③ 출제포인트 지시형용사 that program 앞에 지시형용사 that이 들어간 of that program이 올바르게 쓰였다.

④ 출제포인트 수사-하이픈 표현 숫자-year-olds는 명사로 '-세 사람들'이라는 의미이므로 in 4-year-olds가 올바르게 쓰였다.

어휘 hot water 곤경, 고생   suggest 시사하다, 제안하다
short-term 단기   attention 집중(력)

12

정답 ③

해석 오징어, 문어, 갑오징어는 모두 두족류 종이다. 이들 동물 각각은 색이 있는 액체인 색소를 함유한 특수한 세포를 껍질 밑에 가지고 있다. 두족류는 이 세포들을 껍질로부터 가까이 가져가거나 멀리 떨어뜨릴 수 있다. 이는 그것의 모습이 갖는 무늬와 색을 바꾸는 것을 가능하게 한다.

해설 ③ contains → contain
관계대명사 that의 선행사는 cells로 복수이므로 복수 동사를 써야 한다. 따라서 단수 동사 contains를 복수 동사 contain으로 고쳐야 한다.

오답 분석
① 출제포인트 수 일치 all은 가산 명사, 불가산 명사 모두와 함께 쓸 수 있다. 주어가 오징어, 문어, 갑오징어로 복수이며, 이들이 모두 두족류의 종이라는 것을 나타내므로 types가 올바르게 쓰였다.

② 출제포인트 부정대명사 동물들 각각을 의미하므로 Each가 올바르게 쓰였다.

④ 출제포인트 to 부정사를 목적격 보어로 취하는 불완전 타동사 allow는 to 부정사를 목적격 보어로 취하는 5형식 동사로 to change가 올바르게 쓰였다.

어휘 squid 오징어   octopus 문어   cuttlefish 갑오징어
cephalopod 두족류   pigment 색소   liquid 액체의
appearance 모습, 외모

13

정답 ④

해설 ④ too tired of lying → too tired to lie

'too ~ to + 동사원형' 구문으로 '너무 ~해서 –할 수 없다'라는 의미이다. 따라서 too tired of lying을 too tired to lie로 고쳐야 한다.

오답 분석
① 출제포인트 관용 표현 run out of는 '~이 부족하다'라는 의미로, '시간이 부족하다'라는 의미의 ran out of time이 올바르게 쓰였다.

② 출제포인트 대명사 it의 용법 진주어가 to break a habit이고, 진주어를 대신하는 가주어 It이 문장의 맨 앞에 올바르게 쓰였다.

③ 출제포인트 관용 표현 have a strong dislike to는 '~을 매우 싫어하다'라는 의미로, '지나친 폭력을 매우 싫어하다'라는 의미의 have a strong dislike to excessive violence가 올바르게 쓰였다.

어휘 expect 예상하다   dislike 싫어하다
excessive 지나친, 과도한   violence 폭력   worry 걱정하다
awake 깨어 있는, 잠들지 않은

14

정답 ④

해석 높은 고도에 익숙하지 않은 사람들은 히말라야산맥에서 고산병으로 고생할 것이다. 공기 중 산소의 부족은 그들을 어지럽게 하고, 아마 의식을 잃게 만들 것이다.

해설 ④ unconsciously → unconscious
등위접속사 and로 연결된 병치 구문에서는 같은 품사끼리 연결되어야 하는데, and 앞에 형용사 dizzy가 왔으므로 and 뒤에도 형용사가 와야 한다. 따라서 부사 unconsciously를 형용사 unconscious(의식을 잃은)로 고쳐야 한다.

오답 분석
① 수식 받는 명사(People)와 분사가 '사람들이 익숙하지 않다'라는 의미의 수동 관계이므로 과거분사 unaccustomed가 올바르게 쓰였다.

② 동사 자리에는 '조동사 + 동사원형'이 올 수 있고, '고생할 것이다'는 조동사 would(~할 것이다)를 사용하여 나타낼 수 있으므로 would suffer가 올바르게 쓰였다.

③ 동사 make는 5형식 동사로 쓰일 때 'make + 목적어 (them) + 목적격 보어'의 형태를 취하며, 보어 자리에는 형용사나 명사가 올 수 있으므로 형용사 dizzy가 올바르게 쓰였다.

어휘 unaccustomed to ~에 익숙하지 않은   altitude 고도
suffer from ~으로 고통받다, 고생하다
mountain sickness 고산병   dizzy 어지러운
perhaps 아마도   unconsciously 무의식적으로

15

정답 ③

해석 스포츠가 우리 일상생활의 가장 중요한 부분임에도 불구하고, 최근까지도 이것은 사회학자들의 진지한 연구를 거의 받아보지 못했다. 따라서 사회활동으로서 스포츠에 대한 명확하고 강

력한 정의나 묘사가 거의 없다.

해설 (A) **출제포인트** 전치사 vs. 접속사 although와 despite는 모두 '~에도 불구하고'라는 의미인데, although는 접속사로 뒤에 절의 형태가, despite는 전치사로 뒤에 명사/명사구가 와야 한다. 이 문장에서는 뒤에 the fact라는 명사가 왔으며, 그 뒤의 that절 이하는 앞의 the fact에 대한 동격절이다. 따라서 the fact라는 명사를 목적어로 취하는 전치사 Despite가 들어가야 한다.

(B) **출제포인트** 주어-동사 수 일치 there 유도부사 구문에서는 강조된 there의 뒤에 '동사 + 주어'의 어순으로 와야 한다. 이 문장의 경우, few clear and compelling definitions and descriptions of sport 중에서 실제 주어는 definitions and descriptions라는 복수 명사이므로 복수 동사 are가 들어가야 한다.

어휘 salient 가장 중요한 sociologist 사회학자
accordingly 따라서 compelling 강력한 definition 정의
description 묘사

16

정답 ①

해석 ① 나는 꼭대기가 눈으로 덮인 산을 바라보았다.
② 학자들뿐만 아니라 많은 국내 전문가들이 연구 프로젝트에 참여한다.
③ 이런 것들은 모든 일이 운명인 것처럼 발생한다.
④ 그가 내 집으로 돌아온 후에 나는 간신히 내 숙제를 마쳤다.

해설 ① 선행사인 the mountain에 대해 '그것(그 산)의 꼭대기'를 의미하는 소유의 의미를 전달하기 위해 whose top이라는 관계대명사 소유격을 사용할 수도 있고, the top of which 형태도 사용 가능하므로 the top of which가 올바르게 쓰였다.

오답 분석 ② **출제포인트** 수식어-명사 수 일치/ 주어-동사 수 일치 A number of는 '많은'이라는 의미로 뒤에 셀 수 있는 명사와 함께 사용한다. 따라서 domestic expert를 domestic experts로 고쳐야 한다. 또한, 주어가 'B as well as A'인 경우 동사는 B에 수 일치시켜야 하므로 복수 명사 experts와 수 일치하는 복수 동사 join이 와야 한다. 따라서 단수 동사 joins를 복수 동사 join으로 고쳐야 한다.
③ **출제포인트** 수동태 불가 동사 happen은 '발생하다'라는 의미의 자동사로 대표적인 수동태 불가 동사이다. 따라서 수동형인 are happened를 happen으로 고쳐야 한다.
④ **출제포인트** 시제 일치 '그가 돌아온 후에 간신히 과제를 끝냈다'라는 의미이므로 그가 내 집으로 돌아온 것이 더 과거에 일어난 일임을 알 수 있다. 따라서 after he returns를 after he had returned로 고쳐야 한다.

어휘 domestic 국내의 expert 전문가 barely 간신히, 가까스로

17

정답 ③

해석 수많은 시행착오 후에, Richard는 마침내 태양전지판에 의해

충전된 낡은 자동차 배터리로 전력이 공급되는 번쩍이는 LED 조명 장치를 만들었다. Richard는 울타리를 따라 이 조명을 설치했다. 밤에 그 조명들은 외양간 밖에서 보였으며 교대로 번쩍였는데, 그것은 사람들이 햇불을 들고 돌아다니는 것처럼 보였다. 사자들은 다시는 Richard의 울타리를 넘지 않았다. Richard는 그의 장치를 Lion Lights라고 불렀다. 이 간단하고 실용적인 장치는 사자들에게 아무런 해를 입히지 않았으며, 사람들, 소들, 그리고 사자들이 마침내 서로 화해할 수 있었다.

해설 ③ lions crossed → did lions cross
부정의 부사인 Never가 문장의 맨 앞에 나올 때 주어와 동사는 도치된다. '조동사 + 주어 + 동사'의 어순이 되어야 하므로 lions crossed를 did lions cross로 고쳐야 한다.

오답 분석 ① **출제포인트** 현재분사 vs. 과거분사 powered는 과거분사로 앞의 a system을 수식한다. system이 '전력이 공급되는 것'이라는 의미의 수동 관계이므로 과거분사 powered가 올바르게 쓰였다.
② **출제포인트** 관계대명사의 선택 관계대명사 which는 앞 문장 내용 전체를 선행사로 받을 수 있다. 조명들이 외양간 밖에서 보였으며 교대로 번쩍였다는 것을 선행사로 하는 which가 올바르게 쓰였다.
④ **출제포인트** 부정대명사 셋 이상의 사이에서 '서로서로'를 의미할 때는 one another를 쓴다. 사람들, 소들, 그리고 사자들 세 무리가 서로 화해한 것이므로 one another가 올바르게 쓰였다.

어휘 trial and error 시행착오 flash 번쩍이다 charge 충전하다
fence 울타리 stable 외양간, 마구간
take turns 교대하다, 번갈아 하다 torch 햇불
practical 실용적인, 현실적인 device 장치, 기구
make peace with ~와 화해하다

18

정답 ④

해석 신화는 문화의 종교적, 철학적, 도덕적 그리고 정치적 가치를 포함하고, 경우에 따라 설명하는 데 도움을 주는 있는 이야기이다. 신과 초자연적 존재의 이야기를 통해, 신화는 자연 세계에서 발생하는 것들을 이해하려 노력한다. 일반적 관례와는 반대로, 신화는 "거짓"을 의미하지 않는다. 가장 광범위한 의미에서, 신화는 대개 이야기들의 전체 모음인데, 이것은 거짓일 뿐 아니라 사실 혹은 부분적으로 사실일 수도 있지만, 그들의 정확도의 정도와는 상관없이 신화는 흔히 문화의 가장 깊은 믿음을 나타낸다. 이 정의에 따르면, 『일리아드』와 『오디세이』, 『코란』, 그리고 『구약과 신약』은 모두 신화로 간주될 수 있다.

해설 ④ refer to as → be referred to as
refer의 주어는 『일리아드』와 『오디세이』, 『코란』, 『구약과 신약』으로 모두 사물이므로 간주하는 것이 아니라 간주되는 것이라는 수동 관계이다. 'refer to A as B'는 'A를 B로 간주하다'라는 의미이므로 refer to as를 수동태 be referred to as로 고쳐야 한다.

오답 분석 ① **출제포인트** 주어-동사 수 일치/ to 부정사 동명사를 목

적어로 취하는 완전 타동사 help의 주어는 단수 명사 a narrative이므로 단수 동사 helps가 올바르게 쓰였다. 또한 help는 to 부정사를 목적어로 취하므로 to explain도 올바르게 쓰였다.

② **출제포인트** 주어-동사 수 일치/to 부정사 try의 주어가 복수 명사 myths이므로 복수 동사 try가 올바르게 쓰였고, '~하는 것을 노력하다'라는 의미로 'try + to 부정사'의 형태를 사용하므로 try to make가 올바르게 쓰였다.

③ **출제포인트** 관계대명사의 선택 관계대명사 that의 선행사는 stories이다. 선행사가 사물이므로 관계대명사 that이 올바르게 쓰였고, 뒤의 can be에 연결되어 주격 관계대명사로 사용되었으므로 that can be가 올바르게 쓰였다.

어휘 narrative 이야기, 설화 embody 포함하다, 구현하다
in some cases 경우에 따라 religious 종교적인, 종교의
philosophical 철학적인 moral 도덕적인, 도덕상의
political 정치적인 value 가치 supernatural 초자연적인
make sense of ~을 이해하다
occurrence 발생하는 것, 발생 usage 관례, 용법
falsehood 거짓(말), 거짓임 degree 정도
accuracy 정확도 frequently 흔히, 종종
express 나타내다 belief 믿음 definition 정의
refer 간주하다

19

정답 ①

해석 1955년까지 니키타 흐루쇼프는 소련 스탈린의 후계자로 등장했으며, 그는 동서양이 경쟁을 계속하지만 조금 덜 대립적인 방법으로 경쟁하는 "평화 공존"이라는 정책을 시작했다.

해설 ① had been emerged as → had emerged as
emerge는 자동사이므로 수동태로 쓸 수 없다. 따라서 had been emerged as를 had emerged as로 고쳐야 한다.

오답분석 ② '~을 시작하다', '~에 착수하다'라는 의미의 embarked on이 올바르게 쓰였다.

③ whereby는 by which와 같은 기능을 하여 '~하는'이라는 의미로 앞에 나온 선행사와 whereby 뒤의 절을 연결하는 관계부사적으로 사용한다. 앞에 나온 peaceful coexistence라는 정책에 의하여 '동서양이 경쟁을 계속하지만 조금 덜 대립적인 방법으로 경쟁하게 되었음'을 의미한다. 따라서 whereby East and West가 올바르게 쓰였다.

④ **출제포인트** 주어-동사 수 일치 주어가 복수 명사 East and West이므로 복수 동사 were가 온 were to continue their competition이 올바르게 쓰였다. 이때 were는 be to 용법으로 '예정'을 의미한다.

어휘 emerge 등장하다, 떠오르다 successor 후계자
embark on 시작하다, 착수하다 policy 정책
coexistence 공존 whereby (그것에 의해) ~하는
confrontational 대립적인

20

정답 ③

해석 많은 정부 지도자들은 사람들이 자전거를 더 자주 타도록 권장한다. 많은 도시에서.사람들은 단거리 이동을 위해서 자동차 대신 자전거를 이용하도록 요청받는다. 몇몇 도시에서는 자전거를 더 쉽고 더 안전하게 탈 수 있도록 자전거 도로와 자전거 주차장을 추가했다. 자전거 훈련은 어린이와 성인 모두에게 제공된다. 도로 법규를 배우는 것과 자전거 잘 타기 기술을 연습하는 것은 사람들로 하여금 더 현명하고 더 안전한 자전거 주행자들이 되도록 돕는다.

해설 (A) **출제포인트** 현재분사 vs. 과거분사 '사람들이 자전거를 이용하도록 요청받는다'라는 의미이므로 수동 관계이다. ask는 타동사이므로 수동태 asked가 들어가야 한다.

(B) **출제포인트** 현재분사 vs. 과거분사 '자전거 훈련이 어린이와 성인 모두에게 제공된다'라는 의미이므로 수동 관계이다. offer는 타동사이므로 수동태 offered가 들어가야 한다.

어휘 encourage 권장하다, 촉진하다 path 도로, 경로
practice 연습하다 ask 요청하다, 부탁하다
offer 제공하다, 지원하다

MEMO

2025 대비 최신개정판

해커스공무원
비비안
올인원
영문법

개정 3판 1쇄 발행 2024년 9월 9일

지은이	비비안
펴낸곳	해커스패스
펴낸이	해커스공무원 출판팀

주소	서울특별시 강남구 강남대로 428 해커스공무원
고객센터	1588-4055
교재 관련 문의	gosi@hackerspass.com
	해커스공무원 사이트(gosi.Hackers.com) 교재 Q&A 게시판
	카카오톡 플러스 친구 [해커스공무원 노량진캠퍼스]
학원 강의 및 동영상강의	gosi.Hackers.com

ISBN	979-11-7244-128-9 (13740)
Serial Number	03-01-01

공무원 교육 1위,
해커스공무원 gosi.Hackers.com

해커스공무원

· **무료 공무원 보카 어플, 단어시험지 자동제작 프로그램 등** 공무원 시험 합격을 위한 다양한 무료 학습 콘텐츠
· 정확한 성적 분석으로 약점 극복이 가능한 **합격예측 온라인 모의고사**(교재 내 응시권 및 해설강의 수강권 수록)
· 해커스 스타강사의 **공무원 영어 무료 특강**
· **해커스공무원 학원 및 인강**(교재 내 인강 할인쿠폰 수록)

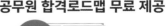